中国少儿知识小百科

军事纵横

Junshi Zongheng

方辉 主编

山东大学出版社

图书在版编目（CIP）数据

军事纵横 / 方辉主编 .—济南：山东大学出版社，2017.1
（中国少儿知识小百科）
ISBN-978-7-5607-5427-7

Ⅰ.①军…　Ⅱ.①方…　Ⅲ.①军事－少儿读物
Ⅳ.①E-49

中国版本图书馆 CIP 数据核字（2015）第 305999 号

责任策划：王　潇
责任编辑：姜　山
封面设计：张　荔

出版发行：山东大学出版社
社址　山东省济南市山大南路 20 号
邮编　250100
电话市场部（0531）88364466
经销：山东省新华书店经销
印刷：山东金坐标印务有限公司
规格：787 毫米 ×1092 毫米 1/16
7 印张　162 千字
版次：2017 年 1 月第 1 版
印次：2017 年 1 月第 1 次印刷
定价：20.00 元

出版人语

书籍是人类进步的阶梯，同学们在这条阶梯上攀登时，你们的脚步更多地承载着家庭和社会的希望和未来。

《中国少儿知识小百科》丛书紧紧围绕新课程标准进行设计和编写，根据广大同学的阅读水平和思维能力，侧重可读性、趣味性和拓展性，涉及10个学科门类，包括动物、植物、科学、艺术、民俗、体育、天文、地理、历史、军事等方面的有用和有趣知识，内容全面，通俗易懂。本丛书共设3000多个条目，并附有3000多幅相关插图，让大家在阅读时产生浓厚兴趣，增加知识，开拓视野，提高思维能力和语言能力。

本丛书将引领读者朋友游览《动物王国》，访问《植物城堡》，仰望《天文奇观》，俯视《地球家园》，参观《艺术长廊》，历数《民俗大观》，漫步《历史博览》，访问《科学驿站》，阔论《军事纵横》，走进《体育世界》，探索科学知识，认识大千世界。其中穿插的“洋话天天说”“诗词贝贝乐”“思维对对碰”“肚皮笑笑破”“我来考考你”等栏目，可拓展知识面，增加趣味性，生动活泼，寓教于乐，把学习知识、激发兴趣、培养能力融为一体，让大家更加积极主动地去探索奇妙的世界。

本丛书体例新颖，内容丰富，既收纳了各学科的基本知识点，又融入了各学科的新发现和新成果。在语言的叙述和表达上，力求生动活泼，深入浅出，把人类的常识和深奥的哲理与同学们熟悉的事物联系起来，引领读者朋友由近及远，由表及里，从已知到未知，迈开探索的脚步勇敢地进入科学知识的广阔天地。

《中国少儿知识小百科》丛书是一个集知识性、趣味性、益智性、拓展性、实用性于一体的适合广大同学阅读的百科知识宝库。同学们，让我们一起开始充满乐趣和惊奇的“寻宝”之旅吧！

目录

第七章
传奇的军事人物

第八章
著名的军史战例

第一章
古代的传统兵械

同学们知道在古代打仗都用什么兵器吗？刀叉棍棒戟等可都是古代的兵器哦。中国古代传统兵械是中华民族的文化瑰宝，具有源远流长的历史。这些兵械源于古代劳动人民打猎和捕鱼等所用的工具。随着阶级的产生，就有了斗争，原来用于打猎、捕鱼的工具也就逐渐演变成了战斗的武器。下面我们就一起到古代去看看十八般兵器吧！

一寸长一寸强的长柄武器

读过《三国演义》的同学们一定对“青龙偃月刀”“丈八蛇矛”“方天画戟”等武器耳熟能详吧？这些都是长柄武器。你知道吗？在古代战争中，长柄武器可是非常有优势的哦，他们有哪些共同特征呢？那就是一根长柄，前端形态各异，杀伤作用主要表现在前端的不同上。古代的长柄武器都有哪些呢？下面我们就一起走进长柄武器库看看吧！

鹿柴

（唐）王维

空山不见人，但闻人语响。
返景入深林，复照青苔上。

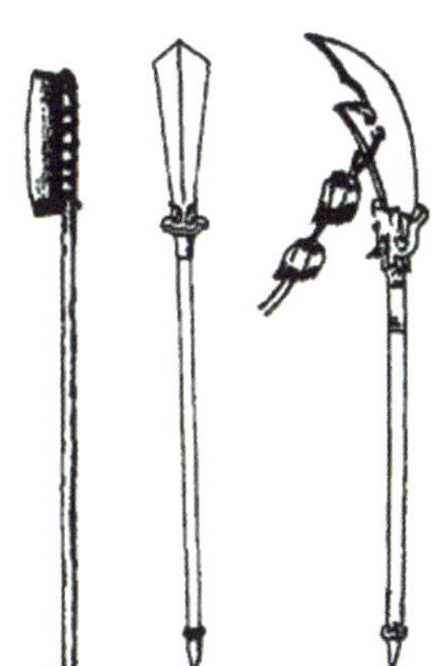

长刀

同学们对刀一定不陌生吧，那我们就先来看看长刀。长刀又称“大刀”，是一种长柄刀，多为马战时使用。汉朝以后，各朝代都有不同风格的长刀。三国时期就有偃月刀，唐代有陌刀，宋代有笔刀、掉刀、凤嘴刀、掩月刀（即偃月刀）、眉尖刀、戟刀、屈刀等，明代有勾镰刀、偃月刀等。长刀由刀头、刀身、刀柄等部分组成。基本用法有劈、砍、云、抹等。使用和演练时威风凛凛，气势雄伟，常为大将所用。

枪

同学们一看到“枪”字可能会想到现代装着子弹的枪。在古代，枪是指长枪，这是一种在长柄上装有锐利尖头的兵械。枪由枪头、枪缨、枪杆等组成。枪头也称“枪尖”，为钢或铁制。枪杆多用木材制成。枪缨是枪头下的装饰物，用犀牛尾、牦牛尾、马尾等制成，搏刺时枪缨抖动可以迷乱对方，并能挡血，平时演练时则可壮声势。枪的历史可以追溯到原始社会。最原始的长枪仅仅将木棒头削尖就是了。汉朝时的枪与矛形状非常相似，多以长木杆或竹竿为杆，装上锐利枪头，配以枪缨就是枪了，做法很简单吧？宋、明两代创造了式样繁多、用途各异的枪，枪的使用达到鼎盛。同学们都看过《杨家将》吧？杨家枪法可能非常厉害啊！

洋话天天说

A：What's today's date？

B：It's the tenth.

A：今天几号？

B：今天10号。

矛

同学们，你们知道在古代兵刃中谁最长吗？当数长矛了，所以矛有“丈八蛇矛”之称。早在原始社会，人类就用兽角、竹片、尖形石块刺杀动物，后来加上柄，就成了矛。长矛是人们所熟悉的一种古代冷兵器。随着古代战争方式由车战到骑战再到步战的演变推进，长矛一直发挥着重要作用，可说是三代元老。前秦时，秦国大将章邯挺刀拦截楚军，迎面碰上楚将项羽，项羽威风凛凛，横槊（同“稍”）跃马应战。霎时间，刀槊相交，寒光凛凛，不到数合，章邯只得抛刀败走。项羽所持的槊就是一种长矛。三国时张飞用的“丈八蛇矛”、孙权部将程普持的“铁脊蛇矛”均说明，在冷兵器时代，矛堪称武将们得心应手的利器呢。

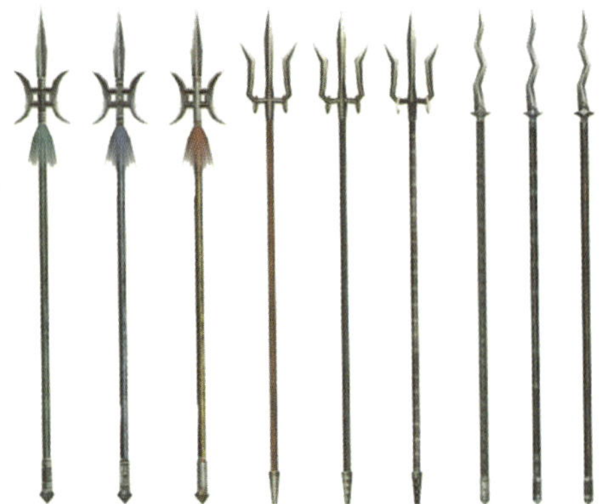

棍

同学们可别小瞧棍，是古代社会最普遍使用的兵械之一。棍有木制和金属制两种。木制的棍有齐眉棍、三节棍、二节棍等。金属制的棍有铁头棍、浑铁棍、浑铜棍等。还有铁制的带齿带钩棍，如爪子棍、狼牙棒、钩棒等。各朝各代无论是军中武术还是民间武艺，对棍可是都非常重视的。

斧

同学们听说过程咬金三板斧的故事吧？程咬金用的兵器就是斧。斧因其式样和用途不同而有不同的名称，但大体式样基本相似。斧形一面呈扇形，一面为长方形，下部装有木柄。斧的用法有挑、拦、格、砍、抹、刺等。斧作为现代武术的器械之一，由于演练起来比较笨重，有的套路已经失传了，故而使用斧者已不多见。

钺

钺是一种不太常见的兵器，同学们一定感到很陌生。它产生于商代，与斧的形成属于同一时代。钺和斧的样子差不多，只是比斧头大 1/3，算是一把大斧子。钺在斧头之上加有一块突出的短矛，这样钺就成为斧、矛、枪三者合一的兵器。钺除有斧、矛和枪的基本用法之外，还有刺、拨、点、追四法。钺有长杆之钺和短杆之钺，如八卦掌拳派所用的子午鸳鸯钺就是一种短杆之钺。

思维对对碰

题目：篮子里有四个苹果，由四个小孩平均分，到最后，篮子里还有一个苹果。请问：他们是怎样分的？

答案：四个小孩一人一个。

解释：这个答案，许多同学们可能不服气："不是说四个孩子平均分四个苹果吗？那篮子里剩下的一个怎么解释呢？"首先，题目中并没有"剩下"的字眼。其次，那三个小孩拿了应得的一份，最后一份当然是最后一个孩子的。至于他把苹果留在篮子里或者拿在手上，这并没有什么区别哦。

戟

同学们一定听说过戟，三国时有很多猛将使用的兵器就是戟，如骁勇善战的吕布用的就是一杆方天画戟。戟上带有小枝，据说是当时一种比较流行的新式戟。戟最早出现在商代早期。作为武术器械的戟，按其式样和大小分为方天画戟、青龙戟、钩镰戟等长兵器，以及双戟、短戟等短兵器。

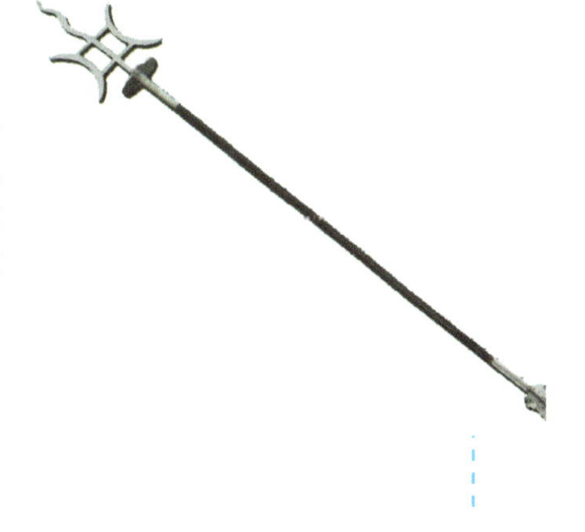

戈

戈是古代的一种长兵器。我国古代“戈”与“干”常连用，所以又称“干戈”。后来我们常用“动干戈”指代一切军事行动。戈大部分都是用青铜制成的，由三部分组成：一为援，即平出之刃，用以钩啄敌人；二为胡，即援之直下部分，有孔，可用绳缚于柄上；三为内，即援后之短柄，中点也有孔，以绳贯于柄上。在东汉时戈被铁戟所取代，后来在战场上很少使用。

叉

同学们千万不要误会，这个叉可不是用来吃西餐的，它是一种武术长器械。远古时候人们用它来捕鱼，后来变成一种兵器。叉由叉尖和叉把两部分组成。叉尖为钢制，有三股叉，中股直而尖，两侧股由中股底端弧形向前，后粗前尖，通体为圆形或扁平形。叉把为木制或铁制，粗可盈把。叉的主要击法有转、滚、捣、搓、刺、截、拦、横、拍等。

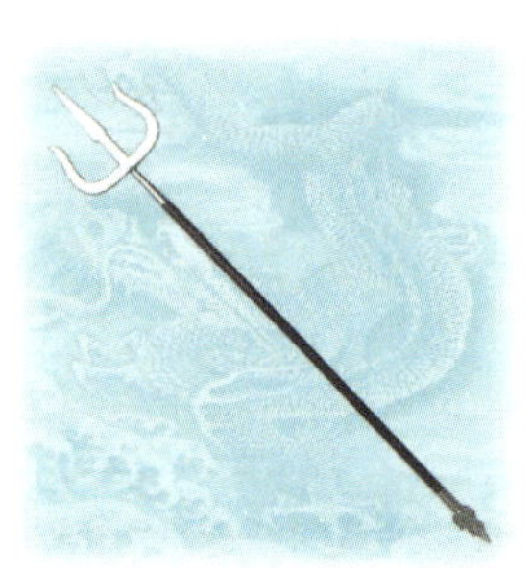

肚皮笑笑破

断头台上吊单刀，歹徒登台盗单刀。断头台倒歹徒跳，对对单刀叮当掉。

锤

锤可是兵器里的大牌明星，出镜率一直比较高，同学们一定都听说过。锤大体有长柄锤、短柄锤、链子锤等。也有分为硬锤、软锤的。长柄锤多单用，短柄锤多双使。由于锤的特点不同，使用方法也大不一样。短柄锤很重，使用时硬砸实架，所以古代用锤作为兵器的人一般都力大无比，如隋唐时第一猛将李元霸等。而链子锤多走悠势，讲究巧劲儿。

我来考考你

1. 枪由 ________、________、________ 和 ________ 等组成。
2. 同学们，你知道在古代兵刃中谁最长吗？
3. 同学们，程咬金用的兵器就是什么？

一寸短一寸巧的短柄武器

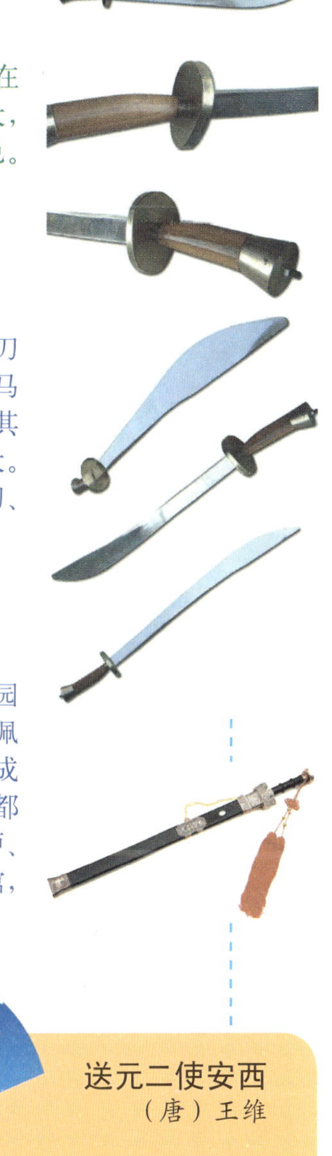

对于长柄武器来说，身材矮小的短柄武器只能算是个小弟弟，实在是不怎么威风。可是，同学们也不要小看它噢，短柄武器虽然个头不大，但是携带方便，使用灵活，深受人们的喜爱，在武打片里也是重要的角色。短柄武器家族都有哪些成员呢？现在就隆重地请它们一一登场。

》短刀

短刀是刀的一种，同学们在武打片里能经常看到它的身影。它的刀柄只能用一只手或两只手握着。单刀的有短刀和双刀之分。单刀有斩马刀、柳叶刀、朴刀、雁翎刀、大环刀等。单刀一般单独使用，也有与其他兵器结合使用的，如单刀加鞭、刀牌等。单刀式样较多，重量也大。双刀为二刀并用，其式样和重量都较单刀为少、为小。双刀有鸳鸯刀、蝴蝶刀等。

》剑

同学们对剑肯定相当熟悉，这一古老的兵器现在还经常出现在公园里，当然，不是用来打仗，而是用来锻炼身体。古时候，人们都把剑佩戴在腰边，用来防身。到了周代以后，尤其是春秋战国时期，它已经成为主要短兵器，甚至变成了身份的象征。汉初的韩信，虽然穷得连饭都吃不上了，可仍然随身带着剑。干将、莫邪、龙泉、太阿、纯钧、湛卢、鱼肠、巨阙等都是古代名剑。春秋时的龙泉剑，仍有一把藏在故宫博物馆，至今仍很锋利。这证明我国在剑的制造和使用上有着很悠久的历史。

》鞭

鞭的起源比较早，到春秋战国时已经很盛行啦。喜欢看书的同学们会认识很多用鞭的人。唐代以后，用鞭的将军越来越多，如唐初的尉迟敬德、后梁的王彦章，及宋代的梁山好汉呼延灼、孙立等也都善于用鞭。而枪、鞭夹用，是古时候流行的武将作战方式。鞭有软硬之分，常人所说的鞭多指硬鞭；七节鞭、九节鞭、十三节鞭谓之软鞭。鞭适用于马战与步战。硬鞭一般用于马战，持鞭的将军多数用的都是双鞭。钢鞭很重，没有刃，全凭力量来伤人，所以用鞭的人个个力大无穷，勇猛善战。

诗词贝贝乐

送元二使安西

（唐）王维

渭城朝雨浥轻尘，客舍青青柳色新。
劝君更尽一杯酒，西出阳关无故人。

》锏

锏？这是什么东西？同学们先别急，我们马上来认识它！锏由锏把和锏身组成。锏把有圆柱形和剑把形两种。锏身为正方四棱形，锏粗约 6 厘米，后面细，越向前端越粗，逐步呈方锥形。锏把与锏身连接处有钢护手。锏身有棱而无刃，棱角突出，每间隔 18 ~ 20 厘米有突起的竹节。锏身顶端尖利，可作刺击之用。锏把末端有吞口，如钻形。吞口上系一环，环扣上丝弦或牛筋可悬于手腕。现在你该了解它了吧！

》钩

钩是一种比较特殊的武术器械，由古兵器戈演变而来。钩的形状和戟差不多，只是戟上边为利刃，而钩上边为一线钩形，所以叫“钩”。钩有单钩、双钩、鹿角钩、虎头钩、护手钩等。技法有推钩、挫钩、撕钩、提钩、钯钩、分钩、搭钩、行钩、云钩、托钩、献月等。演练时要求有起伏吞吐的身法来配合，因此有“钩起浪势”之说。在古代战场上，用钩者很多。两晋时，英勇善战的冉闵就“左操双刃矛，右执钩戟，以击燕兵，斩者三百余级”。

洋话天天说

A：What time is it now？
B：It’s almost noon.
A：现在几点吗？
B：快到中午了。

》镰

说到镰，有的同学可能会说：“是和割庄稼用的镰刀差不多吧？”恭喜！你已经答对了一半！如果把割庄稼用的镰刀和枪装在一起，就成了兵器“镰”。镰的年纪比较小，产生于唐代，到清代时才广泛应用。清代八旗和绿营都装备镰，并作为近战的主要兵器之一。其大体可分为长柄和短柄。长柄镰多为单使，短柄镰多为双用。镰由镰首、镰柄、镰把三个部分构成。用法有钩、割、挂、截、崩等。

》杖

杖和棒相似，种类很多，如挑杖、竹节杖、九节杖、二龙戏珠杖、盘龙杖等。现在流传的“达摩杖”也属于这一类兵器。熟悉《杨家将》的同学们都知道，佘老太君就有一个龙头杖，朝中的奸臣贼子都害怕它，其武功也天下闻名。

题目：有 59 人要渡河，有两种船，一种船可乘坐 4 人，另一种船可乘坐 9 人。要使船上坐满人，不能少也不能多，需要多少条 4 人船和 9 人船？
答案：要用 8 条 4 人船和 3 条 9 人船。

一小学生第一次参加学校的朗诵比赛，特别紧张，老师鼓励了老半天，手心还是冒汗。终于轮到她了，她一咬牙，几步走到了台中央：“老师们，同学们，我朗诵的题目是，红叶疯（枫）了。”

扇

扇子也能当作武器吗？答案是肯定的。扇由扇面和扇骨组成。扇面由丝、绸、绢、纱等制成，扇骨多为竹篾或钢、铁所制。打仗用的扇子多以铁扇为主。扇子这种兵器最大的好处是携带方便，便于隐藏，可随时收拢藏在包内，也可插于腰间。轻便的也可插在后衣领之内。在武侠片里，用扇子作兵器的大侠个个风度翩翩，英俊潇洒。不过，要想真正练好扇子功，可不是一件容易的事哦。

盾牌

盾牌是同学们比较熟悉的防御性兵器，多为长方形或圆形，大小不一。盾的中央向外凸出，形似龟背，内面有数根系带，称为“挽手”，以便使用时抓握。盾虽然只能用以防御，但若配以刀枪也能发挥很大的进攻能力。明代大将戚继光十分重视盾牌的使用。他非常善于量才用兵，选拔“少壮便捷”的士兵担任藤牌手，“健大雄伟”的壮士则当长牌手。步战时，他指挥队伍，前面“二牌并列，狼筅各跟一牌，以防拿牌人身后”，打得倭寇落花流水。

我来考考你

1. 下面说法对吗？干将、莫邪、龙泉、太阿、纯钧、湛卢、鱼肠、巨阙等都是剑的著名品牌。
2. 古代的镰就是现在收割庄稼用的镰刀，是这样的吗？

九月九日忆山东兄弟

（唐）王维

独在异乡为异客，每逢佳节倍思亲。
遥知兄弟登高处，遍插茱萸少一人。

刚柔相济的双手武器

同学们刚刚了解了长柄武器和短柄武器，现在再来认识一下双手武器。双手武器练习起来比单手武器的难度要大，弄不好两件兵器会互相碰撞，影响使用。不过，经过刻苦的训练，使用熟练后，威力会大大增强，这就是许多人喜欢用双手武器的原因。

双棍、双枪

这里将双棍和双枪一起给同学们介绍一下。双棍两棍长度一样，一般与持棍者的身高差不多，使双棍要比使单棍难度大很多，初练时两棍容易互相碰撞，练的时间长了才能掌握。用双棍时两手应错开方位，若左手在前，右手必在后，左手在上则右手必在下，如此双棍才不致相碰。双棍与单棍材料一样，多以木蜡杆为主，但棍根与棍梢粗细不能相差太多。双枪以白蜡杆为枪杆，钢制梭形枪头，枪头和枪杆相接处系扎红缨。《水浒传》里的梁山好汉董平用的就是双枪，所以人们都叫他“风流双枪将”。

A：How did it go today？

B：So-so.

A：今天怎么样？

B：还凑合吧。

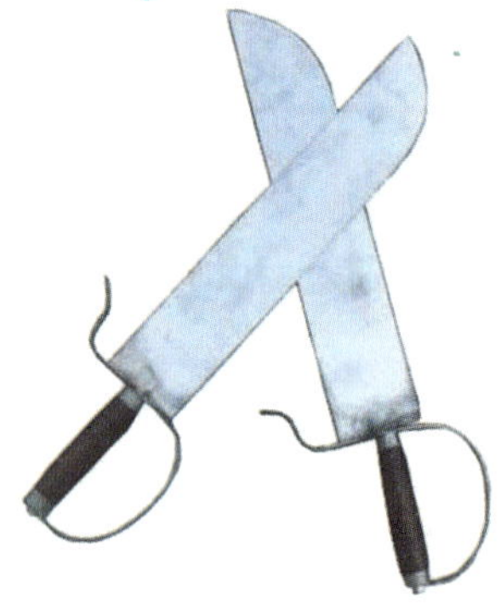

双刀

双刀比单刀要复杂，在双刀对合的一侧无刀盘，这样双刀方能合拢。另一侧为半个护手盘，双刀合并，就像一把刀。刀鞘口上有一个小铜片或铁片相隔，使双刀从隔片两侧插入一鞘内。双刀的刀把彩绸应是对称的。手持双刀虽然威风，不过在舞练时要比单刀难得多。只有熟练之后，才能得心应手。清乾隆初年，安徽宿州人张兴德以双刀著称，人称“双刀张”。当时山中常有狼出没，为害行旅，张兴德携刀而往，三天之内连杀9匹狼，传为佳话。同治年间，捻军中有一少妇名刘三姑娘，也以双刀闻名。

双剑

双剑像双刀一样，合拢时就像一把剑。剑身与单剑的不同之处在于：单剑两面有脊，而双剑仅一面有脊，对合面为平面，两剑柄首各配一根单剑穗。双剑同归一鞘。比较著名的有浙江的龙凤双剑。此剑在两剑有脊的一面分别饰有龙（为右手所使之剑）、凤（为左手所使之剑）图案。还有一种雌雄剑，由高档材料制成。雌剑左手使，雄剑右手使。相传，在江苏宜兴有一个叫周济的人，武功卓绝，曾杀过很多强盗。一次，周济因事北上，两个强盗一路跟踪，准备在旅店下手，而周济毫无察觉。夜里，两个强盗进到屋里，举刀便砍，周济仓促应战，手无兵刃。危急间，一位少女执双剑飞步而入，双剑“矫若长虹”，片刻之间，便将二盗刺死。周济拜问姓名，才知是旅店主人之女。

题目：夏天天气很热，打开电扇吹一吹，就会感到很凉爽。要是把电扇对着温度计吹10分钟，会有什么结果？

答案：温度计不会有什么变化。

解释：电扇吹皮肤会感到凉爽，是因为皮肤上有水分，电扇使空气流动加快，使水分蒸发也加快了，而水分蒸发的过程是吸热的过程，所以皮肤有凉爽的感觉。如果把温度计上放些水再让电扇吹，温度才会有所下降。

双鞭

与单鞭相比，双鞭最大的优点就是克服了单鞭“一条线”的缺点，可以“抡舞如轮，横飞竖打，势势相连”，具有不可比拟的优点。从难度上讲，双鞭练习起来确实比单鞭难。著名的六合双鞭最早由清末义和团首领赵明山所传。主要鞭法有：左右舞花、双撩鞭、左右缠腿、左右扫鞭、缠腰鞭等。

双戟

双戟一直是猛将的最爱。东汉末年曹操手下的勇将典韦，非常喜欢用大双戟，军中盛传“帐下壮士有典君，提一双戟80斤”。双戟长66厘米至1.33厘米不等，视用者体力而定。用时两手各执一戟。

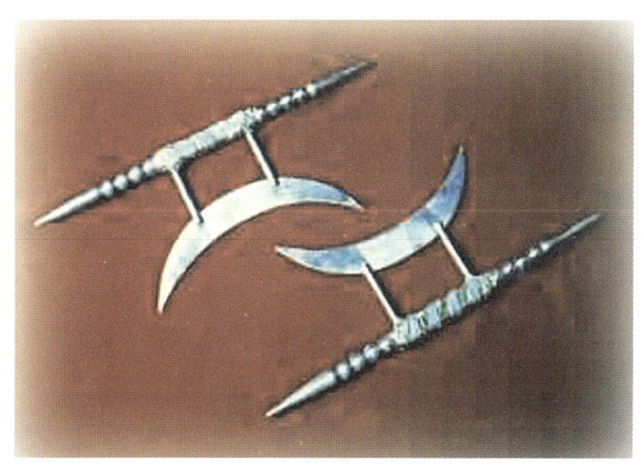

钺牙戟就是一种典形的双戟，长66厘米，握手处长20厘米，为扁平状，上扎布带，两端各有5厘米长尖刺，刺尾由三个突出的圆球连接而成，刺为圆锥状，头部有尖角。握手处两端由铁杆向上连出，上有一月牙形护手刃。刃为薄片，由把手处向外逐渐变薄而锐利，两角外翘，尖而锋利。

双钩

同学们，护手双钩可是咱中国最古老的兵器之一。它有刃，有尖，有月牙。双钩易攻难防，威力无比，其独特的方法有搂、砍、刺、带、推、拉、钩、锁等。此兵器演练时要求配合起伏吞吐的身法以充分发挥它的多刃作用，故有“钩走浪势，波涛汹涌”的艺术效果。

双锤

双锤在兵器家族里可是大名鼎鼎哦！八棱锤是短双锤的一种，因锤呈八棱形，故名。其柄长约1.3米，用时双手各持一锤。主要击法有涮、曳、挂、砸、擂、冲、云、盖等。金瓜锤也是短双锤的一种，其柄短，锤头形如瓜，可用来硬砸硬架。主要击法有曳、挂、砸、擂、冲、云、盖等。雷公锤形如圆柱，其用法与金瓜锤相同。在古代，能将双锤使得出神入化的都是万中无一的英雄，如前面提到过的隋唐英雄李元霸，还有宋朝勇冠三军的岳云等。

肚皮笑笑破

一小学生，看到被老师点到念作文的同学，特别羡慕，总盼着老师也能让自己念一回。机会终于来了。

“某某，把你的作文给大家念一下！”

小学生“腾”地一下站起来：“《我的老师》。老师，我多像你的妈妈。”

我来考考你

1. 使用双锏的唐朝名将是（　　）。

A. 岳云　　B. 李元霸　　C. 秦琼　　D. 董平

2. 六合门传说由____、____、____、____、____、____六家武艺综合而来。

攻守兼备的软兵器

有的同学也许会问：“软兵器也能用来打仗吗？”当然，软兵器不但能用来打仗，而且还有自己的独特之处呢！现在就为你一一揭开它们的神秘面纱。

棍棒软械

看过传奇功夫巨星李小龙电影的同学们一定都知道，他在影片里面使用了一种令人着迷的武器——双节棍。双节棍由于李小龙的功夫片影响了无数武术爱好者。它是一种软中带硬、柔中带刚的兵器，具有能收能放、短小精悍、携带方便、近战更是威力无穷的特点，因而在世界各地广泛流传。双节棍的原型是棍，传说是宋太祖赵匡胤所创。当时的二节棍一端较短，一端较长，后来演变成现在的双节棍，即全长约10厘米，棍身每节约33厘米，中间有一铁链连接，也有33厘米左右长。它可长可短，可以将二节棍叠在一起拿在手中使用，也可以拿着任何一端使用。招式有点、削、抽、弹、扫、缠、拉、圈、提、敲、打等。

静夜思

（唐）李白

床前明月光，疑是地上霜。
举头望明月，低头思故乡。

三节棍是以铁环串连三条等长的短棒制成的兵器，也称“三节鞭”。三节棍全长等于练者直立直臂上举至手指头的高度。铁环直径约3.3厘米，短棍间衔接处的棍端，各装牢一半圆环。棍质以白蜡杆为优。练三节棍时，可持中节用两梢节；也可两手持两梢节，用两梢端和中节。或者一手持一梢节，另一手持中节，用游离节；还可以只持一梢节，使用游离的中节和梢节。

洋话天天说

A：What are you doing？
B：I was just thinking.
A：你干吗呢？
B：我在想点事儿。

梢子棍是用铁环串连一长一短两节木棍制成的兵械。以棍的长短区分为大梢子棍、小梢子棍、两头梢子棍三种。小梢子棍又称“手梢子”，由大梢子棍缩短而成。其梢子约长33厘米，棍身约长66厘米。后来出现的两节长度相等的二节棍和手梢子相似，既可单棍练习，亦可两手各持一棍运使。若双梢子同使，则威力无穷，是防身御敌的重要软兵器。

剑类

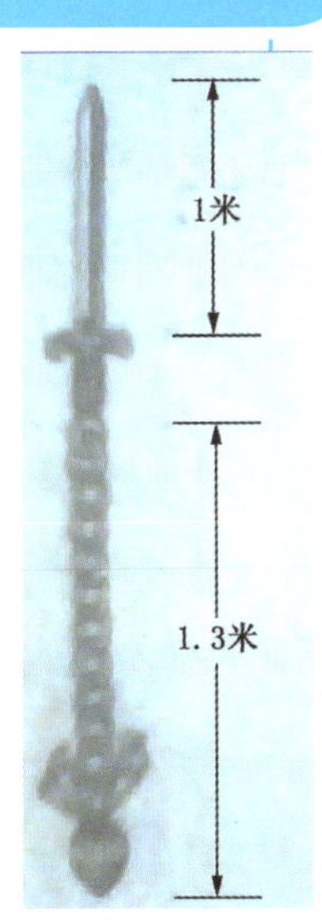

软器械的种类很多，有些由于历史的变迁，逐渐难为世人所见，下面给同学们介绍鲜为人知的链子剑和剑鞭。链子剑是明清时代的一种软兵械，用一根长铁链将两把短剑相连，使用时能首尾相呼应，剑鞭由一把短剑与一根铁链相连接。剑长为1米，有尖，两面有刃。链长为1.3米，尾端一节连小锤加系彩绸，以作鞭用。

鞭类

软鞭可不是用来赶牛的，它泛指由镖头、握把、若干铁节或数节棒棍

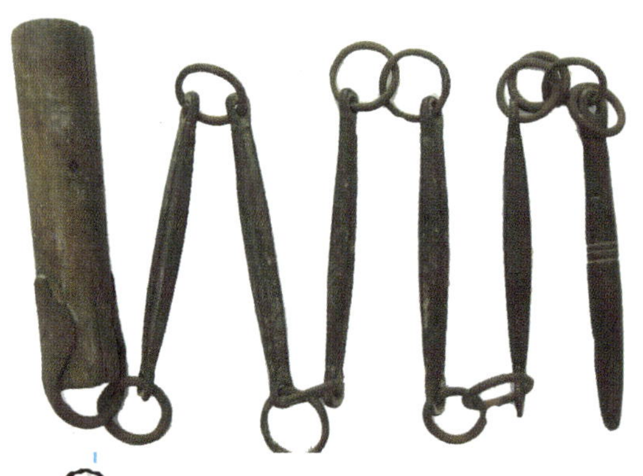

以环相连制成的一类兵械。软鞭可击，可笞，可缚，可勾，威力能胜刀剑。软鞭有三节鞭、七节鞭、九节鞭、十节鞭、十三节鞭。三节鞭由鞭头、鞭把和中间两个钢节以铁环连接而成。九节鞭类的各种铁鞭是一种“软硬兼施”、可长可短的兵器，平时携带方便。九节鞭以铁或钢制，由九节短鞭组成。其顶端一节为鞭头，形状为圆锥形，其后有环，以铁环与下一节相连。最尾端一节为鞭把，多为圆柱形。一般每节鞭长约一拳头。九节鞭以圆周运动为主，借助于手臂摇动和身体各部位的转带，增加惯性动力而改变圆心及方向。主要练习技法有缠、抡、扫、挂、抛、舞花击地趟鞭法等。另外，还有用橡胶带或者皮、麻、索类等编织制成的如蛇形软鞭等，此类鞭在技击上是以抽打为主。

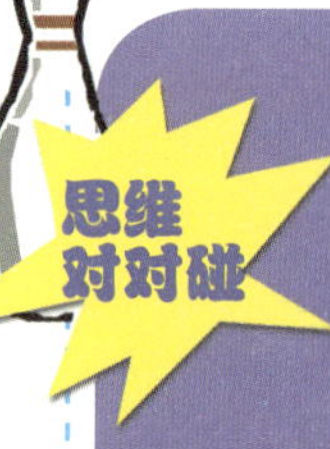

思维对对碰

题目：许多人在一起吃饭，4 个人喝一碗汤，3 个人吃一个菜，2 个人吃一碗饭，一共用了 52 个碗。一共有多少人在吃饭?

答案：有 48 人在吃饭。

肚皮笑笑破

小学有篇课文叫《瀑布》，中间说到作者转过一座山见到一条瀑布垂在山间，一个女同学朗读的时候也是声情并茂地念：“转过这座山，我惊呆了，一条破布挂在山上。”

绳镖

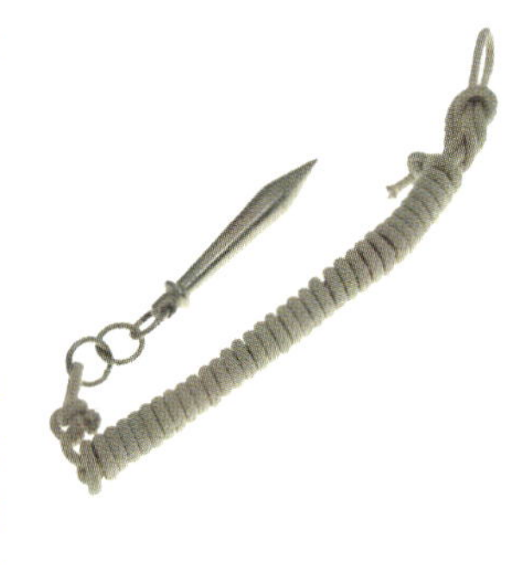

同学们听说过绳镖吗？它是一种将金属镖头系于长绳一端制成的软兵械，有时候也被当作暗器使用。现代武术运动中使用的绳镖镖头长 12 ~ 16 厘米，绳索为演练者身高或两臂侧平举长度的 2 倍，并在响环上绑上小方彩绸作为装饰。绳镖既可掷抛远击，又可缩短近击，具有携带方便、收缚隐蔽、打击突然、猝不及防等特点。演练时运用身体的各部位做缠绕收放的各种动作，使镖由圆周运动瞬变为直线运动时应手而出。运动方法以缠、绕、抡、击、抛、扫、摆、收、放、背、担为主。

锤

流星锤是用流星做的吗？当然不是啦。它是一种将金属锤系于长绳一端或两端制成的，由锤身、软索、把手三部分组成。只系一个锤的，绳长约 5 米，被称为“单流星”；系两个锤子的，绳长为 1.5 米，称为“双流星”。其锤有瓜形、多棱形、浑圆形等，大小如鸭卵。现代武术运动中演练双流星，主要握持绳索中段，进行立舞花、提撩花、单手花、胸背花、缠腰绕脖、抛接等花法练习，其花法同棍花和大刀花。锤的重量大小，根据使锤者情况量力而定。锤头末端有象鼻孔，以贯铁环，下以绳索扣环，软索以蚕丝夹头发混合编制，也有以纱线编制而成。软索粗如手指，长 5 ~ 6 米。把手以坚竹制成，缚于软索末端。把手长 10 厘米左右，粗盈把。把手为初学者所用，技成后可将把手弃去。流星锤平时将索成四折，用时可一抽而出。少林铁流星绳长 5 米。链子锤是软锤的一种，分锤身、链两大部分。锤形如小瓜，多为铜铁所制，链长 1 米。链尾有环，可以套于手中。狼牙锤以纯铁铸成，重 1.5 ~ 4 千克不等。按练者体力而定，锤为正圆形，分为前后两部。前部为狼牙状，上有寸长铁钉若干，钉头向前，极为锋利。后半似流星锤，无钉，锤头底部有象鼻孔，内系软索。软索尾部有千斤套腕，狼牙锤平时盛于坚革制成的囊中。锤环露于囊外，以便握取。

我来考考你

1. 同学们，双节棍是由哪种兵器演化而来的？
2. “软硬兼施”说的是哪种兵器？（　　）
A. 刀　　B. 剑　　C. 软鞭　　D. 锤

攻无不克的射远兵器

同学们不知道吧，射在古代是非常重要的一项技能，是周代的“六艺”之一，也是古代最强大的攻击手段之一。早期的贵族，如果家中生下男孩，都要向天地四方射出六箭，以示男子所要征服的世界，足见射在人们心中的地位。东周时期复合技术的普及大大增加了弓身可储存的势能，使人在生理结构容许的拉程内，能将更多力量转化给弓身，射出更快更远的箭。那些箭法高超的人总是被大家当成英雄，受到人们的尊敬。下面就给同学们说一说这些射远兵器。

古朗月行（节录）
（唐）李白

小时不识月，呼作白玉盘。
又疑瑶台镜，飞在青云端。

弓

弓是我国古代射远兵器的一种，同学们在电视里经常看到它。弓和箭是一对密不可分的好兄弟，早在 1 万年前的中石器时代，人类就发明了弓箭来狩猎、捕鱼。以后很长的一段历史时期里，弓箭又是用于战争的武器之一。现在弓箭作为人们喜欢的体育运动项目流传了下来。

弩

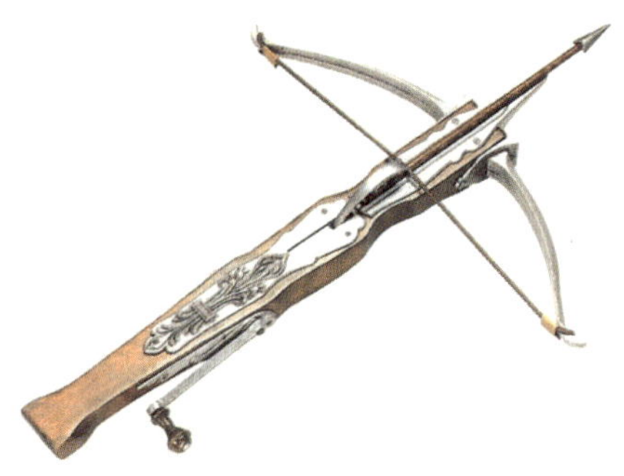

同学们，弩在古代可是大明星啊！强弩的特点是又远又准，有时间从容瞄准，但上弦比较费力耗时。根据这些特点，强弩通常被用于防御和伏击，用几组射手轮番射击。战国时强弩成了战车的心腹大患，远程射击的强大杀伤力令战车坚固的盾甲也黯然失色。但强并不是当时弩的唯一发展方向，足够轻巧的弩在简化射击步骤以提高射速方面另有优势，于是出现了带有箭匣和活动臂的迷你连弩，这可视为诸葛弩的前身。

西汉对强弩的发展影响深远。不但使弩拥有了稳定的弹道参照，而且随着铜弩廓取代木弩廓，弩身对拉力的承受力也大大增强。有效射程超过 500 米，可惜由于实用性差了些，汉代以后就很少使用了。到了三国时期，诸葛亮为了对抗魏国的强大骑兵，制成了俗称“诸葛弩”的元戎。元戎的名字来自春秋时一种主将战车，后代指将军之意。元戎的最诱人之处在于机巧而非实用，虽昙花一现，但拉臂上弦便能快射 10 支箭的巧妙设计。使之成为当代人所津津乐道的古代传奇。

A：What are you thinking of？
B：Nothing.
A：你想什么呢？
B：没想什么。

南北朝时出现了巨大的强弩之王——床弩。这种弩战国时也出现过，当时称为“联弩”，应是取多张弩联合一体之意，可惜后代一度失传。此时的床弩用多头牛力绞轴上弦，威力已大大强于战国人力绞轴的强弩，发射以皮或铁叶为羽的巨大标枪，主要用于攻守城时撞毁楼台、攻城器、城墙等。宋代最好的弩的最远射程超过 1500 千米，是古代世界射程最远的冷兵器。

赋予床弩以机动性的是唐代，用牛牵拉的车弩不但大大提高了部署灵活性和生存机会，更锦上添花地将绞绳与车轴钩连，行进就可上弦，大为提高了效率。

弩在宋代得到大发展，偏重步兵的宋朝将其视作对抗北方骑兵民族的利器。弩手多用踏张弩，采用三组轮射的迭射法，而“神臂弓”的发明，使宋军的有效射程可至 370 米。床弩则从两弩至四弩，从小型到巨型，种类繁多。两床弩和三床弩还能在弦上绑一个装有数十支普通箭的铁兜子，使床弩拥有了杀伤人马的功能。可能是善于骑射的元朝过于武断了，竟干净利落地手起刀落，将弩留在了前朝，于是弩从宋代的极盛走向了元代的极衰。随着火器的继续发展，弩也就再没机会翻身了。

弓弩虽在战争舞台中的作用逐渐减少，但至今还被人们所运用。在体育运动项目射弩比赛中，我们仍可想见它昔日的风采。但遗憾的是，弩因为没有形成套路动作，所以未列入武术项目。

题目：燕子和麻雀都吃虫子，但有一个明显的不同点，请你说出来。
答案：燕子专吃正在飞行的小虫，麻雀吃爬虫和死虫。

箭

同学们有没有玩过射箭的游戏呢？要提起弓弩就不能不提箭，弓弩是力量的来源，箭则是力量的载体，载体的性能对力量的发挥有相当大的影响。箭又名“矢”，是靠机械力发射的一种兵器。箭因其弹射的方法不同，又可分为弓箭、弩箭和摔箭。箭由箭头、箭杆、箭羽三部分组成。箭头又名“箭镞”，多为铁制，头锐而底丰，式样有三菱形、三角形、圆锥形等。其刃薄而锋利，旁有凹槽。箭杆以木或竹制成，嵌于箭头之下。箭羽夹于箭杆尾端，使箭在飞行中能平稳命中目标。箭伴随着弓产生，远在石器时代就是人们狩猎的工具，距今已有 3 万年。古代军队把箭列为作战的武器。对铁箭种类的细化始于宋代，宋代对每种武器精雕细琢，而箭的样式也因之精细化，像铁脊箭、锥箭等，造型都已脱离单调的扁平四棱形，变得更为专业。南宋拉开了火器时代的帷幕，对金、元的连绵战争使火器迅速走向成熟，成为主宰战场命运的力量。不过在火器的射速和命中率还只适合火力覆盖的情况下，箭的壮大持续到明代，并衍生出更多令人眩目的种类。随着火器的发展，至 19 世纪中叶，太平天国战争中已基本不用弓箭。近代以后，射箭从军事上分离出来，成为习武强身的体育运动项目，并被列为正式的比赛项目之一。

门背后有根闷棍，开门别碰闷棍。（重复三遍）

我来考考你

1. 古代世界射程最远的兵器是 ______。

防不胜防的暗器

同学们听说过暗器吗？你知道它有哪些神秘之处吗？所谓暗器，是指那种便于在暗中实施偷袭的兵器。暗器大多是武林中人创造出来的，它们体积小、重量轻，便于携带，大多有尖有刃，可以掷出十几米乃至几十米之远，速度迅疾，隐蔽性强，是常规兵刃的大幅度延伸，具有较大威力。在千军万马厮杀的战场上，暗器很难发挥作用，所以古代战将很少有练暗器的。武林中讲究的是一对一的近距离打斗，于是暗器就派上了用场。暗器至清代达于鼎盛，在武林中使用极为普遍。直到清末火器盛行以后，暗器才逐渐被冷落，但至今武林中仍有人习练此技。现在就来认识一下这些千奇百怪的暗器吧！

望庐山瀑布
（唐）李白

日照香炉生紫烟，遥看瀑布挂前川，
飞流直下三千尺，疑是银河落九天。

手掷暗器

“小李飞刀，例不虚发。”听着耳熟吧？同学们猜对啦，首先登场的就是古龙武侠小说中李寻欢的独门暗器——飞刀。飞刀有双刃与单刃之别，都是用钢制成的。双刃飞刀刀身尖锐，刃薄如纸，呈柳叶状，又称“柳叶刀”。柄末缠有红绿绸带，长约6厘米。单刃飞刀重约0.4千克，每12把为一鞘，参差列为上下两排，每排6把，插于鞘中，柄外露，右手用刀则刀鞘斜缚于左，左手用刀则反之。

下面要登场的是一种特殊的暗器——如意珠。如意珠是一种细小珠状铁丸，是外形最小的一种暗器。发放时，以二指轻轻扣住铁珠，然后以另一指指甲向外剔出，使之远射，如意珠因小而轻，一般难以远射，故专攻人的薄弱部位。但久经练习，也可远射。

金钱镖又名“罗汉钱”，是大侠们经常使用的暗器。此暗器用清代有孔大制钱磨其圆边，成刃角。因为容易制造和携带，在清代广为流传，是所有暗器中使用最为普遍的一种。金钱镖以飞掷而伤人，多伤人面目和手腕。此器练习起来较难，一般练至飞掷30步能陷入树中，方为成功。

袖圈，其形状为圆形铁圈，不用时藏于袖内，用时取出掷人，以其重量伤人。

梅花针，比一般缝衣针略大，针尖为五刃、三刃或多刃形不等。梅花针一般不用于进攻，而用于防御。一旦无心恋战，为阻人追击，即从袋中取出梅花针撒在地上，以刺伤人脚。

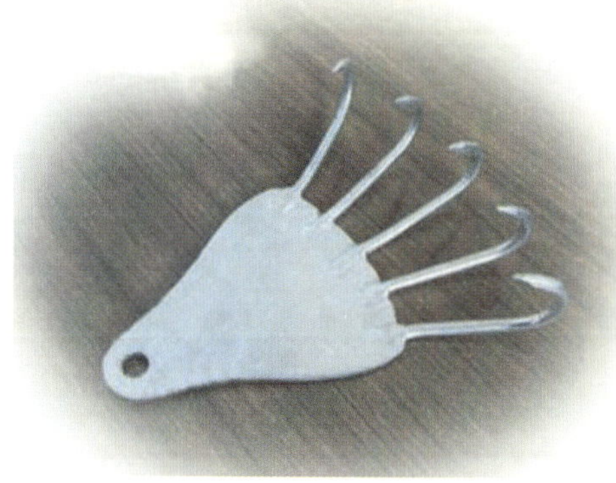

索系暗器

索系暗器比手掷暗器要复杂一些，下面给同学们介绍著名的几款。飞钩是明代发明的，又称“铁鸱脚”。在圆杆上伸出四根倒钩，钩头尖锐，杆尾有圆孔，贯以铁环，系以粗索，此器沉重，力大者方能使用。用时将飞钩掷出，攻击对方。飞钩多用于水战。

飞铊，由两部分组成，即铊与绳。铊为圆锥形铁器，头部为钝圆形，锥尖处有环可系绳索。铊为两个，其中一个顶端有细铁刺。绳长6.6米，绳尾端有个千斤套腕。

飞爪，由爪和绳两部分组成。爪的大小、外形如同人手掌。用时，以爪抛出击人，迅速抛动绳索，小机栝使爪尖深陷人体，使人不能逃脱。

飞锤，由锤和绳两部分组成。锤为铁锤状，下有圆柱形铁杆与其相连。铁杆下端有环，可系绳索。绳长5～6米，绳尾端有千斤套腕。

神秘的血滴子是什么样子呢？它由绳索和刀片组成。绳索长6米有余。索尾有千斤套腕。索头部以绳为圈，直径50厘米，绳圈上均布有薄刃刀片。用时以绳圈套人头颈，然后收动绳索，刀片旋转而割头颈。

洋话天天说

A：Do you know what I mean？

B：I think so.

A：你懂我说的意思吗？

B：我想我明白了。

机射暗器

机射暗器的威力要比普通暗器大得多，其中最常见的是袖箭及背弩。所谓袖箭以暗藏于衣袖内而得名。它可分单筒与多筒，即一次发射与多次发射两种。袖箭的筒体用铜或铁铸成，中间空心，内径约2.5厘米，筒体长26厘米。在筒盖上有一蝴蝶形钢片，可掩住筒盖上的一圆孔，此钢片正是起到扳机的作用。袖箭箭体长约24厘米，以竹制成，前有铁镞，箭头之下有一小缺槽。箭体从筒盖小孔装入筒内，压紧筒中的弹簧，这个小槽正好为筒盖钢片卡入，袖箭由此进入待发状态。使用时，一启钢片，箭弹力的作用飞出伤人，其射程因弹簧的力量而定。多筒袖箭一般为六筒，故又称“梅花袖箭”，制法大致与单筒相近。

另外，在机射暗器中，背弩是鲜为人知但沿用很久的暗器。背弩不大，一般长26厘米，箭体长24厘米，用竹、铁混制。使用者用两段绳索把弩系在后背上，这两段绳索正好系于双肩，另一段绳索的一端系于弩机，另一端系于用者腰带。这时弩背向前，上箭于弓弦上，用弩机扣紧。发射时无须动手启动弩机，只要使用者低头躬腰，腰带上的绳索由于腰背拉长，就会开启扳机，将箭通过后脑射杀敌人。一般杀手往往对被杀者行礼乃至叩头拜倒，受礼者不知所措之余，猝不及防已经中箭。

题目：冬天天气很冷，早晨在窗玻璃上往往结着一层美丽的冰花，请你判断冰花是在室内还是在室外？为什么？

答案：冰花在室内

解释：因为玻璃是凉的，室内的水蒸气碰到冷玻璃就结成了冰；而室外非常冷，空气中的水蒸气非常少，所以不可能在窗玻璃外结成冰。

一天，警察发现一个独自在大街上徘徊的小女孩，她说不出自己叫什么名字，也弄不清住什么地方。警察无可奈何地开始翻她的衣兜，希望能找到一点线索。小姑娘没反抗，却嫩声嫩气地说："别害怕，我没带枪。"

药喷类暗器

袖炮是一种混用火药的特殊暗器。它实际上是一种小型前膛火器，因其细小，故名"袖炮"。袖炮用一根酒盅粗细的竹管制成，长约40厘米，竹管外加三道铁箍。竹管一端为炮口，周边包以薄铁皮；竹管另一端为药凹，也套以薄铁。先将火药填入竹管，务求匀实，再将石珠（黄泥珠也可）填入。使用时，左手持竹管，右掌猛击药凹部，激发火药爆炸，石珠即疾射而出，有较大杀伤力。清末民初时，护院们常使用袖炮，镖局中也有人用。

喷筒也属于药喷类暗器，它的构造和同学们玩的水枪差不多，也是用竹子制成，前有喷孔，后有推杆，筒内装石灰粉。向前猛推推杆，石灰粉就从喷孔喷出，可迷住敌人眼睛，使其失去抵抗能力。

但此技卑鄙拙劣，属"下三滥"勾当，武林中人大多不屑用之。

我来考考你

1. 飞钩是清代发明的对吗？（ ）
2. 下面属于手掷暗器的有（ ）。
A. 如意珠 B. 袖炮 C. 飞刀 D. 飞镖

必不可少的作战辅助器械

在古代战争中，除了作战时必不可少的兵器之外，还有很多用于作战保障的器材，它们统称"作战辅助器械"，这些都是古人智慧和汗水的结晶。作战辅助器械按尺寸可分为大型、中型、小型器械；按作用可分为攻击型、防守型、机动保障型、维修保障型等；按使用范围可分为步骑战阵器械、攻守城器械、水战器械、车战器械等。同学们，现在，就让我们回到古战场，看一看它们的样子吧！

赠汪伦

（唐）李白

李白乘舟将欲行，忽闻岸上踏歌声。
桃花潭水深千尺，不及汪伦送我情。

洋话天天说

A：Do you see？

B：I understand very well.

A：明白了吗？

B：完全明白。

头盔

头盔是古代作战时用来防护头部的防护装备，就像同学们戴的帽子一样，不过头盔是由金属制成的，可以同时防护头顶、面部和颈部。在冷兵器时代，头盔起到相当重要的保护头部的作用，对抵挡刀、枪、箭等冷兵器的攻击有一定作用。但是在17～19世纪，由于火器的发展，头盔失去了原有的防护作用，各国军队纷纷将头盔淘汰。

铠甲

在古代，士兵们在作战时身上都会穿着厚重的铠甲，它虽然看上去笨重，但在格斗时却可以保护身体不受或少受伤害。铠甲由甲身、甲裙、甲袖和配件组成。早期，人们用麻绳或皮条连接兽皮、木头等穿在身上用以防护兵器的攻击。随着生产技术的发展，逐步出现了铜铸铠甲、金属编制的锁子甲等。

题目：玻璃杯中有一个乒乓球，在不移动玻璃杯的情况下，用什么办法可以把乒乓球取出来？

答案：向杯中吹气、用筷子拿出、用胶布粘出等。

脑筋快快转

什么酒不能喝？（碘酒）

战车

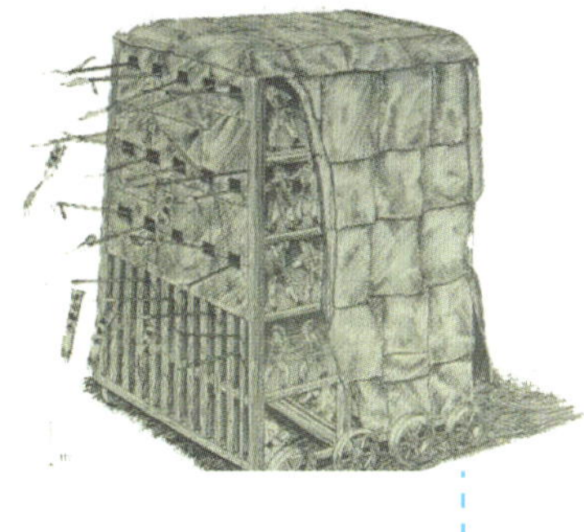

战车是古代战争中用于攻守的车辆，不同于现在的装甲战车。战车有不同的类型。攻车直接对敌作战，守车用于屯守并载运辎重。一般习惯将攻车称为“战车”，或称“兵车”“革车”“武车”“轻车”和“长毂”。夏朝时已有战车和小规模的车战。在从商经西周至春秋时期，战车一直是军队的主要装备，车战是主要的作战方式。

云梯

同学们都见过梯子吧？云梯就是一种形制较长的梯子，是古代战争中士兵用来越过城墙进行攻击的主要器械。在冷兵器时代，破坏城墙极为困难，凭借云梯直接进行攻击往往是攻城的重要手段。

父亲："老师在家长会上跟我说，你上课总爱讲话，以后要改正。"

儿子："为什么要改正？在课堂上老师讲的话比我要多好几倍呢！"

父亲："那是老师在讲课，不说话怎么讲？"

儿子："您不是经常讲'凡事要从小时候做起'吗？长大我也要当老师。现在不练怎么行？"

宋代云梯的形式有飞梯、竹飞梯、蹑头飞梯、避檑木飞梯、杌车、行天桥、搭天车和行女墙等。云梯不能用单梯作战，否则极易被敌人所消灭，必须先在城内弓箭的攻击范围之外集结大量的云梯，然后由炮队先行攻击城墙，待削弱敌人的防御力后，最后再由云梯部队冲锋，以使攻城部队的伤亡减到最低。

巢车

同学们，巢车可是咱中国古代的装甲侦察车，用于观察城中的动静，带有可以升降的牛皮车厢，车上高悬望楼"如鸟之巢"，这是利用滑轮和辘（lù）轳（lu）联合运作制成的可升降的活动瞭（liào）望台。巢车的车座采用八轮车座，以双竿为支撑，竿的高度则视城池的高度而定。在双竿的顶上设置一个辘轳，以便将观测用的吊舱举起。因为举起吊舱需要很大的力量，所以和其他的观测车不同，巢车是以生牛皮为材质，可以防御敌人的矢炮攻击。巢车上有一个将尉高举一面黑色的大旗，战斗时全军战士都将听从这面大旗的指挥；车上还有两个负责观望的士兵，居高临下，远眺四方，及时把敌情报告给举旗的将尉，避免在行军过程中被敌军突袭或者伏击。

蒙冲

蒙冲是古代具有良好防护能力的进攻性快艇，用于水上作战。蒙冲又名"车舡（chuán）"，体型小而行动敏捷，是作战时之主要攻击舰之一，可出其不意地从任何方向攻击或偷袭敌舰。按使用范围之不同，蒙冲可分为航行江面的江舡与航行海上的海舡两种。其基本构造为船身木造，但以生牛皮包覆整个船舱与船板。左右两边各开数个桨孔用来插船桨，距船头1米多处甲板上搭有船舱三层，用生牛皮包裹，以防备敌人火攻。每层船舱四面都有弩窗矛穴，可从任何方向攻击敌人。

指南车

指南车，又称“司南车”，是一种指示方向的机械装置。指南车的用途据说有两种：一种是在作战时用，一种是在天子出巡时使用。指南车与指南针是不同的，指南车是利用齿轮原理制造的，和磁铁一点关系都没有，可以说指南车是世界上最早的自动化设备，我们的祖先真是了不起呀！指南车车厢中间有根直立的长木棍子，棍子顶端有一个木人，不论车子往哪个方向转，木人永远都指着同一个方向——南方。

我来考考你

1. ________是古代的装甲侦察车。
2. 同学们，指南车和指南针的区别是什么？

第二章 现代的武器装备

在现代的战争中，如果还有哪一方拿着大刀、长矛冲锋陷阵，那肯定会让人笑掉大牙的。随着科技的进步，各种高精尖武器应运而生，品种越来越多，性能也越来越先进。坦克、飞机、大炮、战舰、导弹，无所不有。如今，发达国家军队竞相发展高新技术兵器，加快武器装备升级换代，并在局部战争这个“试验场”上不断进行实战检验，引起作战方式、方法的重大变化。现在，就让我们一起来了解一下这些形形色色的现代武器装备吧！

诗词贝贝乐

黄鹤楼送孟浩然之广陵

（唐）李白

故人西辞黄鹤楼，烟花三月下扬州。
孤帆远影碧空尽，惟见长江天际流。

锐不可当的陆军武器

酷酷的枪械，纵横驰骋的坦克、装甲战车，威力无比的火炮……这些拉风的家伙同学们一定都非常喜欢，它们可都是陆军的宝贝，战场上到处都闪现着它们的飒爽英姿。在现代战争中，陆军武器发挥着越来越重要的作用，成为克敌制胜的法宝。

坦克

坦克被称为“陆战之王”，是陆军主要武器之一。玩过“坦克大战”游戏的同学肯定对坦克有着相当的了解。坦克是具有强大直射火力、高度越野机动性和坚固防护力的履带式装甲战斗车辆。它是地面作战的主要突击兵器和装甲兵的基本装备，主要用于与敌方坦克和其他装甲车辆作战，也可以压制、消灭反坦克武器，摧毁野战工事，歼灭有生力量。坦克的研制始于第一次世界大战。当时为了突破敌方由壕沟、铁丝网、机枪火力点等组成的防御阵地，迫切需要一种集火力、机动力和防护力为一体的新式武器。于是，英国于 1915 年开始研制坦克，第二年就投入生产，并参与了 1916 年 9 月 15 日的对德作战。这种称为“游民 I 型”的坦克靠履带行走，能驰骋疆场，越障跨壕，不怕枪弹，无所阻挡，很快就突破了德军防线，从此开辟了陆军机械化的新时代。从那时起到现在，世界上已经生产了数十万辆坦克，成为各国陆军、海军陆战队的主要作战武器。

A：You listen to me！
B：I don't want to.
A：你听我说！
B：我不想听。

装甲战车

装甲战车是在开阔战场上冲锋陷阵的利器。二战中，纳粹德军的闪电战就是依靠其强大的装甲部队获得成功的，而苏联红军在经历惨烈的苏德大战后，更是坚定地认为：谁掌握了强大的装甲部队，谁就能取得战争的胜利。

装甲战车人丁兴旺，现在就带同学们来认识一下：伞兵战车为缺少火力支持的空降部队提供有效的火力援助，运送空降部队进行远距离作战。步兵战车是供步兵机动作战用的装甲战斗车辆，在火力、防护力和机动性等方面都很完善，并且车上设有射击孔，步兵能乘车射击。装甲侦察车是装有各种侦察器材和设备的装甲车辆，具有车体体积小、重量轻、行驶速度快等特点，主要用于战术侦察。装甲救护车是指在战场环境下实行人员救护的装甲车辆，专用于野战条件下救护和运送伤员。其舱内可进行包扎、固定、输血、输液等急救处置和外科手术。装甲工程车又称“战斗工程车”，基本任务是清除或设置障碍、开辟通路、抢修道路、构筑掩体以及执行战场抢救任务。

思维对对碰

题目：甘蔗很甜。如果吃没有成熟的甘蔗，是靠近根部的甘蔗还是远离根部的甘蔗甜一些？

答案：甘蔗下边比上边甜，甘蔗中的糖分是从下边开始慢慢积累的。

脑筋快快转

什么门永远关不上？（足球门）

火炮

火炮是现代陆军的常用兵器，又是纵横沙场的“重量级杀手”。它的大名无人不知，无人不晓！几乎从它问世之日开始，世界军事史中的著名战役和杰出统帅都与火炮结下了不解之缘。拿破仑和斯大林都对火炮有过同样的评语：火炮——战争之神。

里克刚刚由上尉晋升为少校，他急忙换上新制服，对着穿衣镜照来照去，洋洋自得地问自己的妻子："你看看镜子里是谁？"

妻子使劲唾了一声说："呸！你连自己都不认得了！"

那么，同学们知道火炮有什么特点吗？还是让我来告诉你吧！火炮是以发射药为动力发射弹丸，口径在20毫米以上的身管射击武器。火炮种类较多，配有多种弹药，可对地面、水上和空中目标进行射击，歼灭、压制有生力量和技术兵器，摧毁各种防御工事和其他设施，击毁各种装甲目标，完成其他特种射击任务。

火炮根据不同的标准可分为不同的类型。按用途分为地面压制火炮、高射炮、反坦克炮、坦克炮、航空机关炮、舰炮和海岸炮。其中地面压制火炮包括加农炮、榴弹炮、加农榴弹炮和迫击炮。反坦克火炮包括反坦克炮和无坐力炮。按弹道特性分为加农炮、榴弹炮和迫击炮。加农炮弹道低伸、身管长、初速大，用定装式或分装式炮弹，变装药号数少，适于对装甲目标、垂直目标和远距离目标进行射击。高射炮、反坦克炮、坦克炮、航空机关炮、舰炮和海岸炮都具有加农炮的弹道特性。榴弹炮弹道较弯曲，用分装式炮弹，变装药号数较多，弹道机动性大，适于对水平目标射击。迫击炮便于携带，弹道弯曲，炮身短，适于对遮蔽物后的目标进行射击。

轻武器

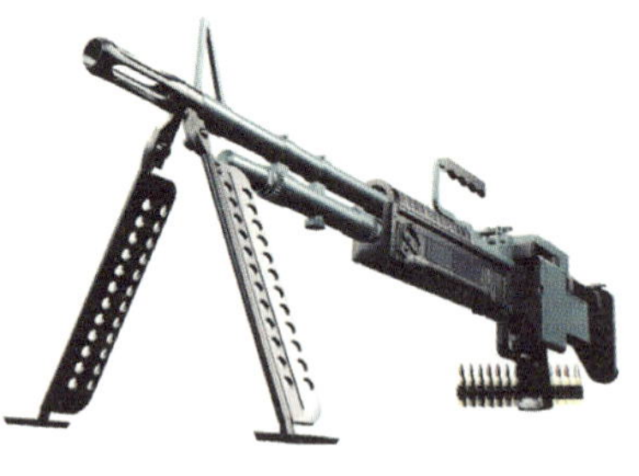

怎么样，这么多的武器装备让同学们眼花缭乱吧？不过，这还不是全部，这不，轻武器小兄弟又急着上镜头啦！轻武器通常指枪械及其他各种由单兵或班组携行战斗的武器，又称"轻兵器"，主要装备对象是步兵，也广泛装备于其他军种和兵种。其主要作战用途是杀伤有生力量，毁伤轻型装甲车辆，破坏其他武器装备和军事设施。轻武器的主体是枪械，通常包括手枪、冲锋枪、步枪、机枪和特种枪（霰弹枪、防暴枪、救生枪、信号枪）等。手榴弹的基本弹种是杀伤手榴弹，另外还有反坦克、燃烧、烟幕等弹种。枪榴弹主要有杀伤、破甲、烟幕、燃烧和照明等类型。榴弹发射器可分为枪械型和迫击炮型两大类。枪械型又有结合在步枪枪管下面的枪挂式榴弹发射器、步枪式肩射榴弹发射器（也称"榴弹枪"）和机枪式架射自动榴弹发射器（也称"榴弹机枪"）之分。迫击炮型可抵地发射，主要包括掷弹筒和弹射榴弹发射器。火箭发射器包括各类火箭筒、枪发大威力攻坚火箭弹和其他小型火箭发射装置。无坐力发射器有后喷火药燃气式和平衡抛射式两种。轻型燃烧武器包括便携式喷火器及其他一些专用燃烧器材。便携式喷火器是一种单兵使用的喷射火焰射流的近距火攻武器，主要用于消灭依托工事据守的有生力量，抗击冲击的集群步兵，特别适于攻击坑道、洞穴和火力点等坚固工事。单兵导弹为一种单兵可以携行使用的导弹，主要用于反坦克或防低空飞行目标作战。

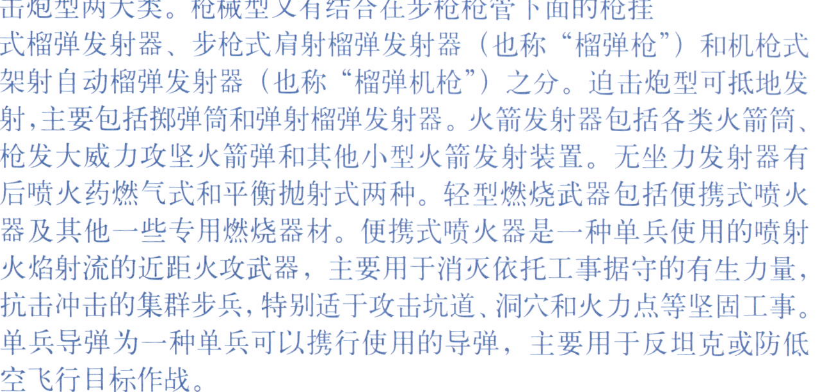

我来考考你

1. 被称为“陆战之王”的是（　　）。
A. 坦克　　B. 火炮　　C. 装甲战车　　D. 冲锋枪
2. 同学们，装甲战车都有哪些种类呢？

劈波斩浪的海军武器

在海中作战，最需要的是什么？答案当然是船啦！有人把世界海军武器装备的发展归纳为五句话：攻击型潜艇不断推陈出新；驱逐舰、护卫舰是水面战斗舰艇发展的主流；防空反导武器系统是舰载武器发展的重点；反水雷战装备注重提高高技术含量；航母依然受到某些大国海军的青睐。这些都是什么样的武器呢？一起来看看吧！

诗词贝贝乐

早发白帝城

（唐）李白

朝辞白帝彩云间，千里江陵一日还。
两岸猿声啼不住，轻舟已过万重山。

航空母舰

首先给同学们介绍一下威风八面的航空母舰。航空母舰简称“航母”或“空母”，是个大块头，是一种可以供军用飞机起飞和降落的军舰。中文“航空母舰”一词来自日文汉字。航空母舰是一种以舰载机为主要作战武器的大型水面舰只。现代航空母舰及舰载机已成为高技术密集的军事系统工程。

航空母舰一般总是一支航空母舰舰队中的核心舰船，有时还作为航母舰队的旗舰。舰队中的其他船只为它提供保护和供给。依靠航空母舰，一个国家可以在远离其国土、不依靠当地的机场的情况下对敌军施加军事压力，进行作战。

航空母舰根据不同的标准可分为不同的类型。按其所担负的任务分为攻击航空母舰、反潜航空母舰、护航航空母舰和多用途航空母舰。按其舰载机性能又分为固定翼飞机航空母舰和直升机航空母舰，前者可以搭乘和起降包括传统起降方式的固定翼飞机和直升机在内的各种飞机，而后者则只能起降直升机或是可以垂直起降的固定翼飞机。某些国家的海军还有一种外观类似的舰船，称作“两栖攻击舰”，也能搭乘和起降军用直升机或是可垂直起降的定翼机。按吨位分为大型航空母舰(满载排水量6～9万吨以上)、中型航空母舰(3～6万吨)和小型航空母舰（3万吨以下）。按动力分为常规动力航空母舰和核动力航空母舰。

驱逐舰

21世纪什么最宝贵？人才！驱逐舰绝对是一位全面发展的复合型人才，具有多种用途，不过对敌人来说，它的确是一个不够友好的家伙。19世纪70年代时出现一种专门发射鱼雷的可以摧毁大型军舰的鱼雷艇（注意：这种鱼雷艇不同于以后的鱼雷快艇，其舰型相对较大，航速不快，故而翻译为“雷击舰”更为妥当），针对这种颇具威力的小型舰艇，英国于1893年建成了哈沃克号——一种被称为“鱼雷艇驱逐舰”的军舰，携带3枚450毫米鱼雷，能在海上毫无困难地捕捉鱼雷艇，攻击敌舰。德国海军发展的同类型的军舰则称为大型鱼雷艇。随着更多的驱逐舰进入各国海军服役，驱逐舰开始安装较重型的火炮和更大口径的鱼雷发射管，并采用蒸汽轮机作为动力，英国江河级驱逐舰已发展成伴随主力舰队的护航舰艇，英国部族级驱逐舰开始使用燃油作为燃料。编队使用的驱逐舰已经成为海军舰队的主要突击兵力，在打击敌人鱼雷舰艇的同时还要对敌舰队实施鱼雷攻击。事实上，从本质而言，驱逐舰就是一种大型的鱼雷艇，通过第一次世界大战的战火，驱逐舰取代了鱼雷艇而成为一种海上鱼雷攻击的主力，从存在意义上“驱逐”了鱼雷艇。

A：Thanks for your time.

B：Don't worry about it.

A：耽误您时间，实在对不起。

B：没关系。

护卫舰

护卫舰是海军舰船的忠实保镖，是以舰炮、导弹、水中武器（鱼雷、水雷、深水炸弹）等为主要武器的中型或轻型军舰。它主要用于反潜和防空护航，以及侦察、警戒、巡逻、布雷、支援登陆和保障陆军濒海翼侧等作战任务，又称为“护航舰”。在现代海军编队中，护卫舰是在吨位和火力上仅次于驱逐舰的水面作战舰只。护卫舰和战列舰、巡洋舰、驱逐舰一样，也是一个传统的海军舰种，是世界各国建造数量最多、分布最广、参战机会最多的一种中型水面舰艇。

潜艇

潜艇给同学们的感觉可能总是偷偷摸摸的，不过，它可不是一个胆小鬼呀！它是一种能潜入水下活动和作战的舰艇，也称“潜水艇”，是海军的主要舰种之一。潜艇在战斗中的主要作用是：对陆上战略目标实施核袭击，摧毁敌方军事、政治、经济中心；消灭运输舰船，破坏敌方海上交通线；攻击大中型水面舰艇和潜艇；执行布雷、侦察、救援和遣送特种人员登陆等任务。潜艇按作战使命分为攻击潜艇与战略导弹潜艇。按动力分为常规动力潜艇与核动力潜艇。按排水量分为大型潜艇、中型潜艇、小型潜艇和袖珍潜艇。

快艇

快艇是舰艇中的“短跑冠军”，最大航速可达 40 ~ 60 节，有“海上轻骑兵”之称。快艇按所装备的武器可分为鱼雷艇、导弹艇和导弹鱼雷艇等。虽然快艇跑得很快，但它的“跑”可不是逃跑。

实际上，快艇虽然小，但它的威力不小，作用很大。对于侵入近海范围内的大、中型敌舰，鱼雷艇和导弹艇可以单独编队出击，也可以与其他水面舰艇协同出击，消灭来犯的敌方大、中型舰艇；也可以派快艇去攻打敌方运输船队，破坏敌人的海上交通运输线。快艇速度快，艇体小，能隐蔽、有效地突然袭击敌方的基地、停泊场。在浅水航道、狭窄海区、礁岛区等处，也可以使用快艇布雷。

快艇中威力最大的要数导弹艇啦！导弹艇是当之无愧的大哥，它继承了鱼雷艇的优点，在海战中具有十分重要的地位。但与大、中型舰艇相比，它的自卫能力较弱，抗风浪性能较差，只能在近海作战。

现代快艇广泛应用导弹武器、先进的小型化电子设备、大功率燃汽轮机和水翼、气垫技术，正朝着导弹化、大型化、高速化、电子化等方向发展。在未来的海战中，快艇将会发挥更大的作用。

思维对对碰

题目：大轿车和小卧车都有后窗，但后窗是打不开的，为什么要这样设计呢？

答案：车行驶起来很快，四周的空气要向车尾流动，同时带来纸屑、尘土和垃圾，使车内不清洁，所以后窗不能打开。

“汤姆，你这个笨蛋，为什么你的子弹老是打不中靶子呢？”

“上尉，主要是因为我想活捉它。”

我来考考你

1. 同学们，常规动力潜艇都有哪些呢？
2. 下面舰艇被称为“海上轻骑兵”的是（　　）。
A. 航空母舰　　B. 驱逐舰　　C. 潜艇　　D. 快艇

诗词贝贝乐

望天门山
（唐）李白

天门中断楚江开，碧水东流至此回。
两岸青山相对出，孤帆一片日边来。

称霸蓝天的空军武器

同学们都知道客机，它是用来运送旅客的一种方便、快捷的交通工具，而军用飞机是空军作战最主要的武器。早在 1909 年，美国陆军就装备了世界上第一架军用飞机。1911 年 10 月 23 日，意大利在和土耳其作战时第一次使用了飞机。第二次世界大战后，随着科学技术的进步，军用飞机的战术技术性能不断取得突破性进展，武器作战效能越来越高，活动范围也越来越广。目前，军用飞机可分为歼击机、轰炸机、强击机、歼击轰炸机、侦察机、预警机、军用运输机、电子对抗飞机、空中加油机、军用教练机和军用直升机等。

>> 战斗机

同学们，你了解战斗机吗？它主要是指用于保护己方运用空权以及摧毁敌人使用空权之能力的军用机种。其特点是飞行性能优良、机动灵活、火力强大。现代的先进战斗机多配备各种搜索、瞄准火控设备，能全天候攻击所有空中目标。

战斗机过去根据执行任务又可分为歼击机（战斗机）和截击机（拦截机）。截击机的主要任务是快速升空之后争取高度，在敌人的轰炸机进入己方空域之前将其摧毁。由于截击机是针对高飞行高度的轰炸机群，在设计上特别强调对速度与爬升率的需求，运动性处于次要的地位。二战结束之后，鉴于原子弹的摧毁威力，截击机在许多国家一度成为与传统战斗机同等重要的机种。不过在导弹逐渐成熟并经过大量配备之后，截击机的特性往往可以经由传统战斗机加上导弹来满足。因此，现在不再专门发展截击机种，而是以现役的机种同时担负拦截的任务。

强击机

强击机是陆军的好帮手，主要用于从低空、超低空突击敌战术和浅近战役纵深内的小型目标，直接支持地面部队（水面舰艇部队）作战的飞机，又称“攻击机”，旧称“冲击机”。强击机的特点是：有良好的低空和超低空稳定性和操纵性；有良好的下视界，便于搜索地面小型隐蔽目标；有威力强大的对地攻击武器，除机炮和炸弹外，还包括制导炸弹、反坦克集束炸弹和空地导弹等；飞机要害部位都有装甲保护，以提高飞机在地面炮火攻击下的生存力；起飞及着陆性能优良，能在靠近前线的简易机场起降，以便扩大飞机支持作战的范围。现代强击机有亚音速的，也有超音速的，正常载弹量可达3吨，机上装有红外观察仪或微光电视等光电搜索瞄准设备和激光测距、火控系统等。有的新型强击机已具有垂直和短距离起落能力，如苏联的“雅克36”和英国的“鹞”式强击机。

洋话天天说

A：It's on me.
B：Oh！ How nice！
A：这次我请客。
B：哦！那太好了。

直升机

直升机是最常见的一种飞机，应用十分广泛。在军事方面主要用于对地攻击、机降登陆、武器运送、后勤支持、战场救护、侦察巡逻、指挥控制、通信联络、反潜扫雷、电子对抗等。在民用方面应用于短途运输、医疗救护、救灾救生、紧急营救、吊装设备、地质勘探、护林灭火、空中摄影等。海上油井与基地间的人员及物资运输是民用的一个重要方面。直升机主要由机体和升力(含旋翼和尾桨)、动力、传动三大系统以及机载飞行设备等组成。旋翼一般由涡轮轴发动机或活塞式发动机通过由传动轴及减速器等组成的机械传动系统来驱动，也可由桨尖喷气产生的反作用力来驱动。目前实际应用的是机械驱动式的单旋翼直升机及双旋翼直升机，其中又以单旋翼直升机数量最多。

直升机的突出特点是可以做低空（离地面数米）、低速（从悬停开始）和机头方向不变的机动飞行，特别是可在狭小面积场地垂直起降。由于这些特点使其具有广阔的用途及发展前景。

目前直升机相对固定翼飞机而言，振动和噪声水平较高，维护检修工作量较大、使用成本较高，速度较低，航程较短。直升机今后的发展方向就是在这些方面加以改进。

题目：把一只狗拴在柱子上，拴狗的绳子是7米长，主人把一块肉放在离狗14米的地方，你说狗有可能吃到这块肉吗?
答案：有可能。这块肉放在柱子那边7米远的地方，狗只要走过去就行了。

轰炸机

父亲叫儿子去发一封信，这封信是写给在部队的朋友的。

“爸爸，我已经把信发了。”儿子告诉父亲。

“什么，已经发了？”父亲惊奇地说：“你干吗不先问我一声？信封上还没写地址呢！”

“这我知道，”儿子说，“我想那一定是军事秘密。”

“轰炸机来啦，快卧倒！”如果同学们生活在战争年代，肯定会经常听到这句话。轰炸机是用于对地面、水面目标进行轰炸的飞机，具有突击力强、航程远、载弹量大等特点，是航空兵实施空中突击的主要机种。有多种分类：按遂行任务范围分为战略轰炸机和战术轰炸机；按载弹量分重型（10吨以上）、中型（5～10吨）和轻型（3～5吨）轰炸机；按航程分为近程（3000千米以下）、中程（3000～8000千米）和远程（8000千米以上）轰炸机。中近程轰炸机一般装有4～8台发动机。机上武器系统包括各种炸弹、航弹、空地导弹、巡航导弹、鱼雷、航空机关炮等。机上的火控系统可以保证轰炸机具有全天候轰炸能力和很高的命中精度。轰炸机的电子设备包括自动驾驶仪、地形跟踪雷达、领航设备、电子干扰系统和全向警戒雷达等，用以保障其远程飞行和低空突防。现代轰炸机还装有受油设备，可进行空中加油。

我来考考你

1. 直升机的用途有哪些呢？
2. 强击机的特点是什么？

各怀绝技的非常规武器

同学们刚刚认识的轻武器、弹药、坦克、飞机、舰艇等，通常都被大家称为“常规武器”，而核武器、生物武器、化学武器等被称为“非常规武器”。有些非常规武器具有大规模杀伤性，而且人们无法控制和预知其使用后果。现代战争一旦用上这些非常规武器，将有可能招致全人类毁灭性的大灾难。因此，已有的非常规武器已通过联合国大会签署一些公约得到控制，或部分销毁，禁止用于战争。大部分的非常规武器，如核武器都掌握在少数几个世界强国手中，其威慑力远远大于实战中的使用，有时候也可以用来反恐，起到维护世界和平的作用。

别董大

（唐）高适

千里黄云白日曛，北风吹雁雪纷纷。
莫愁前路无知己，天下谁人不识君？

核武器

同学们一定听说过核武器的大名吧？核武器又称“原子武器”，是利用原子核反应的各种效应起杀伤破坏作用的一种武器。核武器已发展了三代，分别是原子弹、氢弹和中子弹。在第二次世界大战期间，美国就曾在日本投下了 2 颗原子弹，它巨大的威力震惊世界。战略核武器是用于攻击战略目标的核武器，作用距离可达上万千米，核爆炸威力通常有数十万吨、数百万吨，甚至上千万吨 TNT 当量。战术核武器是用于打击战役战术纵深内重要目标和战斗力量的核武器，主要有战术核导弹、核航弹、核深水炸弹等。全面核战争无疑是一场大灾难：人民大伤亡、全球生态环境大破坏，这是为世人所公认的，这也正是世界人民不断要求全面禁止并彻底销毁核武器的原因。

放射性武器

放射性武器又称“放射性战剂”。放射性武器通过炸药爆炸等方式散布放射性物质，沾染地面、水域、空气和军事技术装备等，以杀伤有生力量为主要目标。放射性武器可造成人员的急性损伤，还可能产生不良的遗传后果等远期效应。

ABC 洋话天天说

A:I' m sorry to trouble you.

B:That' s okay.

A：真对不起，给您添麻烦了。

B：没关系。

题目：树叶落在地上，有的正面向上，有的正面向下，但总是正面向下的多，为什么？

答案：叶子正面细胞排列比较紧密，所以叶子落在地上时，正面向下的多。

在一次战争后，军官问一个士兵："在这次战争中，你是否勇敢？"士兵回答道："你听了一定会很高兴的，在战争开始后我勇敢地冲上去砍掉了一个敌人的双脚。"

军官听了后奇怪地问道："为什么不是头呢？"士兵回答道："因为他的头已经被砍掉了。"

化学战剂

化学战剂是为特殊作战目的而设计的一种全新概念的高技术武器，主要是利用化学物质和材料的特性，对人员、装备或其他基础设施进行攻击，使人员失能，装备失灵。反人员非致命化学战剂的种类较多，包括反人员泡沫剂、反人员"太妃糖"枪等。

生物武器

生物武器是以生物战剂杀伤人、动物及植物的各种生物武器和器材的总称，包括装有生物战剂的炮弹、航空炸弹、火箭弹、导弹、航空布洒器、喷雾器等。生物战剂都是致病微生物及其有毒产物，种类繁多。生物武器是比核武器危害更大的武器，国际公约明令禁止使用。

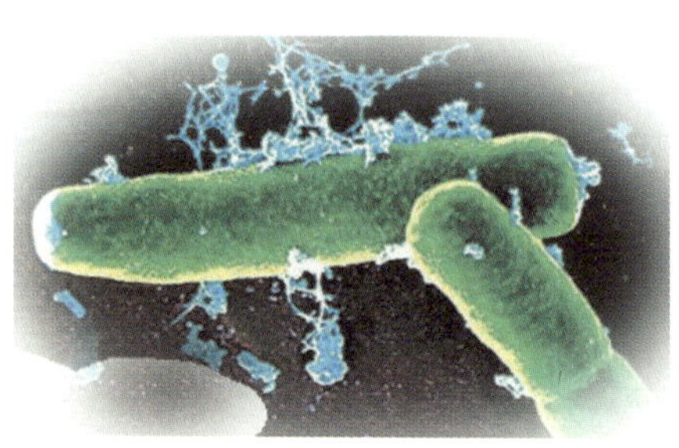

次声波武器

次声波武器是一个看不见的杀手，分神经型和内脏器官型两种。前者能使人神经错乱，癫狂不止；后者能使人体脏器发生共振，周身产生剧烈不适感，进而失去战斗力。次声波武器已被列为未来战争的重要武器之一。

空间武器

空间武器是部署在宇宙空间和地球上，用于打击、破坏与干扰空间目标及从空间攻击陆地、海洋与空中目标的所有武器的统称。它攻击的主要目标有航天器、飞机、洲际导弹、地面指挥与通信设施、导弹基地与航天器发射设施等。

激光武器

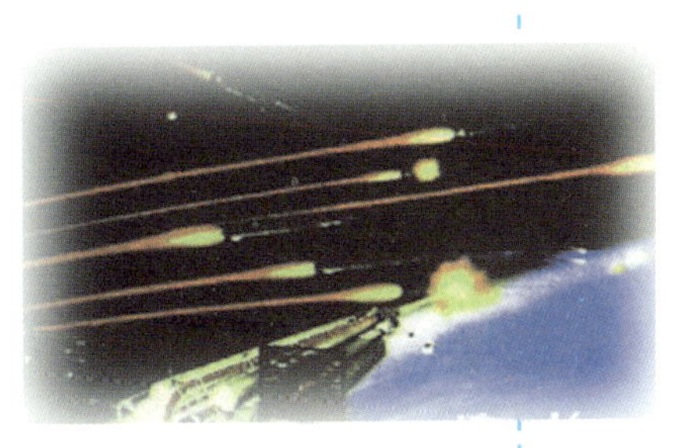

在动画片里，同学们可能都看到过神奇的激光武器。激光武器是利用激光器所产生的方向性强、发射角小、单色性好、能量高的激光束击毁来袭的飞机、导弹、卫星等飞行器或使其失效的定向能武器。经过几十年的研究，激光武器将会在未来的战争中大放异彩。

气象武器

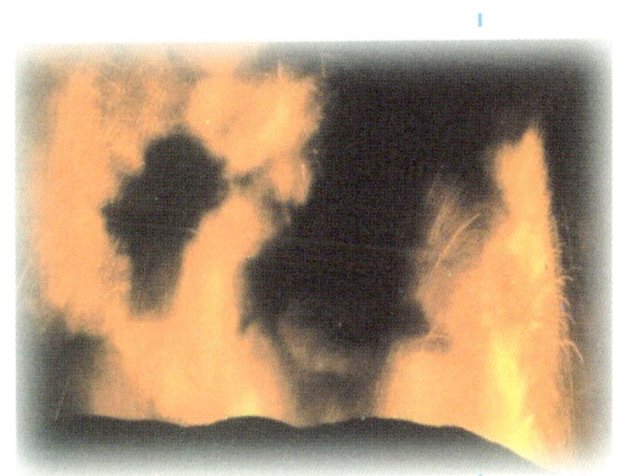

人类能改变天气吗？当然能。这可不是神话传说，要想会这种“魔法”，就要用到气象武器。气象武器是采用人工方法影响局部天气使其满足某种军事需要，以保障己方袭击和阻碍敌方行动的目的。人工影响局部天气变化主要有三种途径：第一，为己方作战行动创造有利的气象条件，如人工造雾、消雾等；第二，对敌方军事行动制造困难气象条件，如人工降雨等；第三，直接控制台风、控制闪电、制造酸性降雨等。

我来考考你

1. 下面属于心理战武器的是（　　）。

A. 空间武器　　B. 环境武器　　C. 幻觉武器　　D. 气象武器

2. 同学们，人工影响局部天气变化主要有哪三种途径呢？

神通广大的通信与侦察设备

如果一个人看不见、听不见，那肯定是一件痛苦的事；如果军队没有通信侦察设备，就会变成瞎子和聋子，只能被动挨打。军事通信是保障军队指挥和兵器控制的信息传输通道，是军队指挥系统的重要组成部分。其基本任务是保障军队指挥畅通。战场上的侦察设备有雷达、侦察卫星、电子对抗设备等，它们是军队的“眼睛”和“耳朵”。随着侦察技术的发展，这些侦察与通信设备在战场上发挥了越来越重要的作用。

绝句

（唐）杜甫

两个黄鹂鸣翠柳，一行白鹭上青天。
窗含西岭千秋雪，门泊东吴万里船。

无线电通信

无线电通信同学们不会陌生，在生活中处处能看到它的身影，如移动电话、收音机等。它是利用无线电波传输信息的通信方式，是现代战争中的主要通信手段。无线电通信除使用超短波、短波、中波和长波的电台通信外，还有使用超短波或微波的接力通信、散射通信、卫星通信、流星余迹通信等。无线电通信能传输声音、文字、数据和图像等。与有线电通信相比，它不需要架设传输线路，不受通信距离限制，机动性好，建立迅速，但传输质量不稳定，信号易受干扰或易被截获，保密性差。

在英国，人们把麦克斯韦奉为无线电的开创人，认为他最先指出电磁波的存在。在美国，有人认为德福雷斯特是“无线电之父”，因为他发明了三极管，而三极管是无线电通信器材的心脏。在俄国，只承认波波夫是无线电通信的创始人。而在大多数西方科学家的眼中，意大利人马可尼是无线电通信的发明人，他因此获得诺贝尔物理学奖。

ABC 洋话天天说

A：I' m sorry.
B：That' s all right.
A：对不起。
B：没事儿。

预警卫星

不好，敌人发射导弹了！赶快拦截！哈哈，这全是预警卫星的功劳。预警卫星是载有红外探测器，用于探测对方导弹发射时发动机喷焰所产生的红外辐射特征，以监视和报警的侦察卫星。在敌方从地面或水下发射导弹后的数十秒内，红外探测器即可探测到导弹飞行时发出的红外辐射，然后立即将信号传至地面接收站。接收站在算出来袭导弹的方位、速度、到达时间和落点预测数据之后，再向国家最高指挥机关报告，以采取必要的拦截措施。预警卫星采用高轨道，覆盖范围广，可获得 5 ~ 30 分钟的预警时间，为组织防御和反击做好准备。预警卫星在未来将获得重点发展。

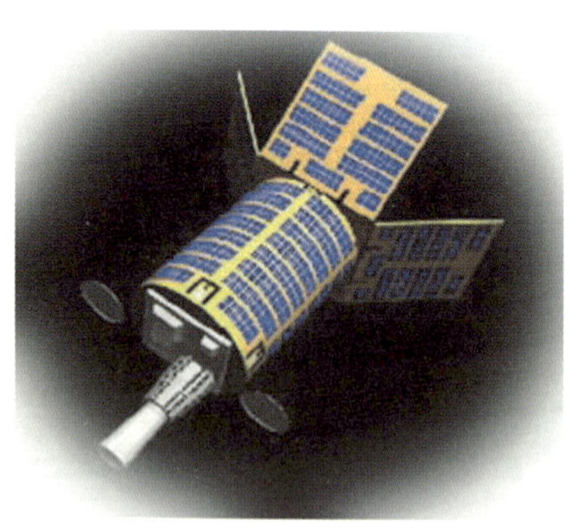

思维对对碰

题目：如果世界上只有一种语言，会发生什么情况？请用 3 分钟说出三种。

答案：没有了外语老师，没有了翻译，取消了外语测验和考试，电视没有外语节目等。

密码机

军队通信离不开密码机。密码机是按照一定的程序为信息加密和解密的设备。发送方用加密密钥，通过加密设备或算法，将信息加密后发送出去。接收方在收到密文后，用解密密钥将密文解密，恢复为明文。如果传输中有人窃取，他只能得到无法理解的密文，从而对信息起到保密作用。密码机要求有固定的信道，也可以与保障线路的设备一起配套使用。密码机由接线板、键盘、显示屏和转子组成。当人按下一个键时（比如 w），电流通过接线板，经过转子时移动位置（比如从 w 移动到 s，这个可以由人们任意调整），再打在屏幕上。这种机器一般有两个人操作，一个打字，另一个记录。

侦察卫星

侦察卫星是空中的千里眼，是用于侦察对方雷达位置和信号，测定对方军事通信和无线电台位置，为己方战略轰炸机、弹道导弹和巡航导弹提供数据，以及获取其他军事情报的人造地球卫星。其优点是侦察面积大、范围广、速度快、直观效果好，可定期或连续监视特定地区，不受国界和地理条件限制，生存能力强，对军事、政治、经济和外交均有重要作用。

气象卫星

同学们每天都要通过天气预报来了解天气变化，打仗的时候同样需要知道天气状况。气象卫星是用于气象观测的人造地球卫星，是第一预报员。它观测地域广阔、观测时间长、数据汇集迅速，对灾害性天气预报有重要的作用。气象卫星提供的资料已广泛地用于天气预报及大气科学、海洋学和水文学的研究。我国于 1988 年 9 月成功地发射了第一代太阳同步轨道气象卫星——“风云一号”气象卫星。

导航卫星

导航卫星是通过发射无线电信号，为地面、海洋、空中和空间用户导航的人造地球卫星。它是一个优秀的向导，具有高精度、全天候、能覆盖全球和用户设备简便等特点。它在军事上具有重要意义，可以为地面部队、装甲兵、炮兵部队和空降兵提供精确的定位，还可为飞机和舰艇导航等。世界上第一颗导航卫星是美国于 1960 年 4 月发射的“子午仪号”导航卫星。

军用雷达

在现代战争中，如果没有雷达，那么整个军队就会变成“聋子”和“瞎子”。军用雷达是利用电磁波探测目标的军用电子装备。雷达发射电磁波照射目标并接收它的回波，用来发现目标并测定位置、运动方向和速度及其他特性。军用雷达通常分为炮瞄雷达、舰载雷达和机载雷达。炮瞄雷达是用于自动跟踪空中目标，测定目标坐标，并通过指挥仪控制高射炮瞄准射击的雷达，又称“火炮控制雷达”。舰载雷达是装备在船舶上的各种雷达的总称，可探测和跟踪海面、空中目标，为武器系统提供目标数据，引导舰艇，躲避海上障碍物，保障舰艇安全航行和战术机动等。机载雷达是装在飞机上的各种雷达的总称。它包括为空空导弹、火箭和航炮等提供目标数据的截击雷达；为瞄准轰炸地（水）面目标、制导空地导弹和为领航提供目标信息的轰炸雷达；提供地（水）面目标的位置和地形资料的空中侦察与地形测绘雷达；观测气象状况、空中目标和地形地物，保证准确和安全飞行的航行雷达等。

肚皮笑笑破

一辆军用卡车陷入泥潭，幸亏后面来了辆吉普车，车上跳下几名军官，他们费了九牛二虎之力才把卡车推出泥潭。“My God！”其中一位军官气喘吁吁地说，“你的车够沉的，车子里是些什么东西？”“28名新兵。”司机回答。

声呐

声呐就是利用声波对水下目标进行探测和定位的装置，是水声学中应用最广泛、最重要的一种装置。可爱的海豚能在水中自由自在地游泳、捕食，靠的就是这个秘密武器。声呐分为主动声呐和被动声呐。主动声呐由简单的回声探测仪器演变而来，它主动地发射超声波，然后收测回波进行计算，适用于探测冰山、暗礁、沉船、海深、鱼群、水雷和关闭了发动机隐蔽的潜艇。而被动声呐是由简单的水听器演变而来，它收听目标发出的噪声，判断目标的位置和某些特性，特别适用于不能发声暴露自己而又要探测敌舰活动的潜艇。

我来考考你

1. 想了解天气变化需要用到（ ）

A. 预警卫星 B. 测地卫星 C. 气象卫星 D. 军用雷达

2. 声呐可分为（ ）和（ ）。

守护生命的防护装备

春夜喜雨
（唐）杜甫

好雨知时节，当春乃发生。
随风潜入夜，润物细无声。
野径云俱黑，江船火独明。
晓看红湿处，花重锦官城。

同学们在滑旱冰、打棒球的时候都要用到防护装备。战场上，除了要有先进的攻击武器之外，防护装备也是必不可少的。军人的防护装备是指在遭到核武器、化学武器和生物武器袭击时实施防护的各种装备和器材。它主要用于判定敌方使用核、化学、生物武器的情况，进行防护、洗消，使人员免受或减轻伤害，主要有观测器材、侦察器材、防护器材和洗消器材等。观测器材用于对核、化学、生物武器袭击进行观测、报警；侦察器材用于发现放射性沾染、毒剂及测定空气、地面、水域、人员与装备的受染情况；防护器材用于保护有生力量，避免或减轻核、化学、生物武器袭击造成的伤害；洗消器材用于对染毒的人员、服装、装备、地面等进行消毒。现在，我们就来认识一下这些士兵生命的守护神。

A：After you.
B：Oh, thank you.
A：您先请。
B：噢！谢谢！

防毒衣

防毒衣是防止毒剂等通过皮肤引起伤害的一种个人防护器材，通常分隔绝式防毒衣和透气式防毒衣。隔绝式防毒衣主要提供给在严重染毒或污染区内工作的人员使用，由不透气的薄膜材料制成，有较好的防护能力，可阻止液滴状毒剂的渗透和蒸发状毒剂的扩散，并可阻挡生物战剂和放射性灰尘的透入。透气式防毒衣主要供给合成军队使用，它是由特殊透气材料制成的，能过滤和阻挡有害物质，而空气和水汽等却能自由通过，用于对雾滴状和蒸气状毒剂、生物战剂和放射性灰尘的阻挡，有的还可减轻核爆炸光辐射的杀伤程度，有较好的透气和散热性能，可较长时间穿着。

防疫服

战场上处处存在着危险，一个小小的蚊子也许就会置人于死地。防疫服是防止病原微生物污染或传染病媒介动物叮咬的服装，一般在生物战剂污染区或疫区穿着。这种防疫服多用质密并耐消毒处理的棉布制作，有连身式与分截式两类。防疫服表面皱折少，无装饰物，以减少微生物与媒介动物的藏匿，便于消毒处理。为保持密闭性能，开口处通常装拉链，颈部安有扣带，袖口缝有松紧带或系带。

此外，还需穿长筒胶靴，以防止蚊虫的叮咬。

题目：古时有亲兄弟 9 人，这兄弟 9 人各有1个妹妹，也各有1个姐姐，请你在1分钟内回答，他们兄弟姐妹共多少人？

答案：兄弟姐妹共 11 人，姐姐最大，妹妹最小，9兄弟在姐妹 2 人当中。

防毒斗篷

在同学们的印象里，恐怕没看到过斗篷上战场吧！防毒斗篷是防止各种毒剂等伤害人体的一种一次性个人防护器材，采用塑料薄膜或橡胶涂层织物制作，有斗篷式和雨衣式两种。它具有结构简单、体积小、携带和使用方便、能很快转入战斗状态等特点。防毒斗篷主要用于防御空中布洒的毒剂液滴，必要时可铺在染毒地区作为防毒外垫使用。防毒斗篷只能对毒剂起减轻伤害的作用，不能实现完全的防护。

防毒面具

这些是什么东西？样子怪怪的。它们呀，就是大名鼎鼎的防毒面具！防毒面具是靠滤毒罐内厚厚的一层防毒炭和多层滤烟纸防毒的，对于染毒空气的过滤效率可达 99.999%。防毒面具分为过滤式和隔绝式两种。过滤式防毒面具是防止放射性灰尘和细菌进入人体，保护人体的呼吸器官、眼睛、面部不受毒剂伤害的防护器具。隔绝式防毒面具是依靠自身供氧，使佩戴人员的呼吸器官和面部器官与外部染毒空气隔绝的一种防毒面具，通常分为贮气式、贮氧式和化学生氧式防毒面具。

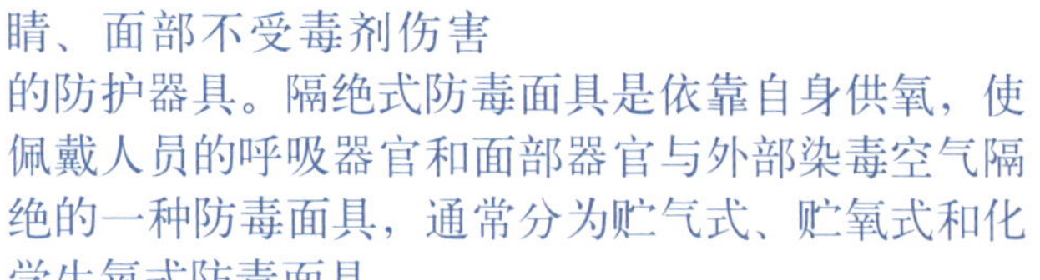

肚皮笑笑破

长官：“酗酒的士兵永远也不会成为将军！”士兵：“只要一杯酒下肚，我感觉自己就是将军了！”

防化侦察车

怎么知道战场环境是不是安全的呢？瞧，防化侦察车来了！防化侦察车是佐助防化兵完成辐射化学侦察任务的专用车辆，是军队实施大面积辐射化学侦察的主要装备，具有机动快速的特点。车上装有多种仪器，其中有辐射化学侦察仪器、标志器材、采样装置和通信设备等。侦察方式以车辆进行间侦察为主，必要时也可停车侦察或使用车上仪器下车侦察，对一些毒剂、毒物采集样品进行化验分析。

我来考考你

1. 防毒衣是一种个人防护设备，通常分为（　　）和（　　）。
2. 同学们，防疫服的作用是什么？

第三章 庞大的军事工程

军事工程是用于军事目的的各种工程建筑和保障军队作战行动所采取的工程技术措施的统称。它伴随着战争的出现而出现，又随着战争的发展而发展起来。古代军事工程主要依靠简单的手工作业来完。17 世纪以后，随着近代科学发展，军事工程长期积累的实践经验也逐步走向科学化和理论化。下面就让我们一起去见识一下这些形态各异的军事工程吧！

乐游原

（唐）李商隐

向晚意不适，驱车登古原。
夕阳无限好，只是近黄昏。

野战工程

战争时期抢修的野战工程是在临战前或作战过程中，为保障战役、战斗的紧急需要而构筑的临时性军事工程。它包括各种野战工事、障碍物、道路、桥梁、渡场、登陆场、机场和给水、伪装工程等。野战工程是是野外作战必不可少的手段。它能有效地减少己方的伤亡，最大限度地打击和狙击敌人。中国古代的长城就是世界上规模最大的防御工程。随着时代的发展，兵器改进了，作战方式也有改变，军事工程的内容也随之扩大。有阵地工程，如边防、海防永久性工事；有城市地下的防空工程；有指挥和通信工程，如指挥所、雷达站、卫星通信地面站；有军事交通工程，如国防公路、军用道路网、桥梁、渡场、浮桥、输油管线、输水管线等；此外，还有军港、机场、武器试验场、训练基地、后勤仓库、营房、靶场工程等。

筑城

筑城是筑城工事、筑城障碍物及其所组成的阵地工程体系的统称。有些国家将保护居民和国民经济目标的防护工程也划入筑城的范畴。筑城也指构筑筑城工事、筑城障碍物的行动。筑城的目的是为了保存军队的有生力量、装备、物资，提高军队的战斗力，遏止、削弱进攻之敌，保护军事设施。筑城关系到阵地的稳定。工事的抗力，筑城障碍物的强度，各种工事、障碍物的正确配置，充分利用地形和实施巧妙的伪装，都与阵地的稳定息息相关。

筑城按工程性质分为永备筑城和野战筑城。永备筑城通常指在边防、海防预定坚守地区及纵深战略要地预先构筑的永久性的筑城。它采用坚固耐久的建筑材料(混凝土、钢筋混凝土、装甲构件等）构筑，内部设备较完善，对现代武器有较高的防护能力。野战筑城指在战役、战斗准备和实施过程中构筑的临时性的筑城。它特别强调充分利用和改造地形，因地制宜、就地取材，广泛使用预制构件和采用机械、爆破等快速作业方法构筑。野战筑城往往在构成后立即投入使用，并随着战役、战斗时间的延长，不断地加强和完善。

ABC 洋话天天说

A：That movie was great.

B：It was really fun.

A：那部电影真棒。

B：我被深深地感动了。

思维对对碰

题目：钟和表能和什么东西组合在一起，从而使这种东西更具魅力并增加它的使用功能。

答案：大楼、指南针、汽车、收录机

》要塞

要塞是非常重要的地方。它是在国境和海防要地等建有永久筑城设施并长期据守的重要据点。它的作用是迟滞和制止敌人长驱直入，以争取时间组织反攻。中国古代要塞主要由城墙、敌台和护城壕构成，可以有效地抵御云梯攀登和炮击。如山海关要塞，就是建筑在山与海之间的隘口上。关城呈方形，周长 4000 米，宽 17 米，周围有 7 米深的护城河环绕，城墙高 14 米，厚 7 米，还有左、右翼城及前哨堡和两侧城墙等，从而构成了山海关严密的要塞防御体系。

》掩体

掩体是可以进行观察和射击操作的露天简易工事。它的作用是降低敌火力对人员和装备的杀伤和破坏，提高人员的战斗效能，分为人员、火炮、坦克和步兵战车等掩体。掩体可构筑成卧姿、跪姿和立姿射击 3 种形式。掩体通常选在利于发射火力、隐蔽、伪装和机动的地点，并利用土坎、凹坑等地形构筑，也可用草皮、树枝和沙袋等伪装。火炮掩体除构筑供火炮使用的掩体外，还构筑弹药和炮手掩蔽所等。

城堡

在动画片里，同学们一定见过各种各样的城堡吧？城堡是封建领主等建造的设防工程，多用砖石砌成，通常建于难以接近的河湾或高岗上。中间主楼是城堡的核心，高达 50 米，城厚达 5 米，是城堡中最坚固的部分，周围筑墙，围墙外挖有护城河或壕沟。城堡外墙高约 10 ～ 15 米，厚度足以抵挡攻城兵的破坏。墙顶设有射击口，城堡四周建有塔楼的角塔，高出城墙 2 ～ 3 米。城堡内建有武器库、粮库和水井等。它作为军事工程曾在冷兵器时代的战争中起过重要作用。随着火药和火器的发展，城堡因无法抵御炮火的攻击而失去军事价值。

堑壕

堑壕是一种供人员观察、射击和隐蔽的机动简单的壕沟工事，最早出现于 15 世纪末的欧洲战场。深度通常根据人体的高度确定。一般跪姿壕深 0.6 厘米，立姿壕深 1.1 厘米。堑壕建造在有良好视界和射界，便于交通联络和隐蔽伪装的地段上。它的平面走向多为曲线形或折线形，通常有射击、观察、掩蔽、排水、进出口和路标等设施。

铁丝网

在战争片里，同学们经常会看到铁丝网。铁丝网是用带刺铁丝和无刺铁丝构成的障碍物，主要用于迟滞敌步兵和车辆的行动，分固定式和移动式两种。固定式铁丝网是用带刺的铁丝和木桩、铁桩等在现地构筑；移动式铁丝网是由工厂成批生产后运至现地临时设置，宽 0.7 ～ 0.9 米，长 10 米左右，设置速度快，抗破坏强度高，能迟滞汽车、装甲战斗车辆等的行动。

肚皮笑笑破

一位年轻军官想打个电话，但他没有零钱。于是他拦住一位过路的老兵：“你手头有没有零钱？上士。”

“我给你找找看。”老兵伸手去掏他的钱包。

“你是这样回答少尉的吗？重来一遍。你手头有没有零钱？上士！”

“报告长官，没有！”老兵果断地答道。

炮台

喜欢旅游的同学肯定看到过许多炮台。炮台是在海防、江防和边防要塞中构筑的一种火炮阵地。炮台分明炮台和暗炮台，用块石砌筑，每个炮台可置数门至数十门炮。火炮呈圆形、新月形、一字形排列于炮台。由于现代战争的变革和火炮的机动性，炮台已不再作为战时工事而遭遗弃，只有一些大的具有战略意义或历史意义的炮台被保留下来，如中国沿海城市厦门胡里山炮台、上海吴淞口炮台、烟台东西炮台和旅顺电岩炮台等。这些炮台架设的多为近代岸炮，在抗击外来侵略中发挥了积极的作用。

我来考考你

1. 同学们，掩体的作用是什么？
2. 中国古代沿海的炮台有（　　）、（　　）、（　　）、（　　）。

第四章 强大的军事力量

军队是军事战争的主角，是国家安全稳定的柱石，是国家武装力量的主要组成部分。军队的任务和职能是巩固国防、抵抗侵略、保卫祖国和人民，参加国家建设事业，努力为人民服务。中国的军队是由陆军、海军、空军和第二炮兵组成的复合军队，在现代化建设和防卫作战能力方面取得了长足的进步。军队的身份特殊，责任重大，陆上、海里（底）、空中无不有他们矫健的身影。

陆地猛虎——陆军

蜂

（唐）罗隐

不论平地与山尖，无限风光尽被占。
采得百花成蜜后，为谁辛苦为谁甜？

陆军，简单地说，就是在陆地上作战的军种。它同军队一样古老，自古以来一直是军队的主要组成部分。现代陆军主要由步兵（包括摩托化步兵、机械化步兵）、炮兵、装甲兵（坦克兵）、陆军防空兵、陆军航空兵、电子对抗兵（电子对抗部队）、工程兵、防化兵（化学兵）、通信兵、侦察兵等兵种和专业兵组成。有的国家的陆军还有空降兵、导弹兵（火箭兵）、铁道兵和特种部队等。现代陆军是一个多兵种、多系统和多层次有机结合的整体，具有强大的火力、突击力和高度的机动能力，既能独立作战，又能与其他军种联合作战。

步兵

步兵是陆军中徒步或搭乘汽车、装甲输送车、步兵战车实施机动和作战的兵种。前者称“徒步步兵”，后者称“机械化步兵”或“摩托化步兵”、“装甲步兵”。它的主要装备有步枪、机枪、火箭筒、轻型火炮、反坦克导弹、防空火器、汽车、装甲输送车和步兵战车。步兵是陆军中人数最多的兵种，在地面作战中具有重要作用。通常情况下，歼灭敌人主要靠步兵来夺取和扼守阵地。

洋话天天说

A：Look at the cockroach！
B：Yuck！
A：看那蟑螂！
B：啐！

炮兵

炮兵是军队中非常重要的兵种，是以火炮、火箭炮和导弹为基本装备，执行地面火力突击任务。炮兵是陆军的重要组成部分和主要火力突击力量，具有强大的火力、较远的射程、良好的精度和较高的机动能力，能集中、突然、连续地对地面和水面目标实施火力突击。炮兵主要用于支持、掩护步兵和装甲兵的战斗行动，可独立进行火力战斗，也可与其他兵种、军种协同作战。

装甲兵

装甲兵是陆军中以坦克和其他装甲车辆为基本装备的战斗兵种，又称“坦克兵”。装甲兵具有快速的机动力、强大的火力和较好的防护力，可以减轻常规武器和核武器袭击的损害，并能迅速利用常规实施火力突击和核突击，是陆军的重要突击力量。在作战中，装甲兵可在其他军种、兵种协同下或独立遂行作战任务，也可配属步兵作战。

通信兵

通信兵是担负军事通信任务的专业兵种。随着战争的出现，为适应军队作战指挥的需要而逐渐成为军队的一个组成部分。通信兵一般由通信、通信工程、通信技术保障、无线电通信对抗、航空兵导航、军邮等专业部队、分队组成。它的主要任务是组织运用各种通信手段，保障军队畅通的通信联络；进行无线电通信干扰和反干扰；组织实施海区观通、航空兵导航勤务和野战军邮勤务。通信兵对保障军队指挥和完成各项任务具有重大作用。

思维对对碰

题目：在三分钟内说出三个成语，第一个成语带“花”字，第二个成语带“风”字，第三个成语带“雨”字。

答案：花前月下，走马观花，春暖花开，如花似玉，花言巧语；风吹草动，见风使舵，风平浪静，风起云涌；风雨交加，乘风破浪，急风暴雨，雨过天晴，风雨同舟。

电子对抗兵

电子对抗兵是陆军中与敌方进行电子斗争的主要力量。电子对抗兵是现代战场上一支重要的作战力量，它以削弱、破坏敌电子设备和保护己方电子设备的工作效能为目的，渗透于各军、兵种的攻防作战之中。它通常不和敌人进行面对面的斗争，而是通过电磁频谱这一特殊领域与敌进行较量。其行动具有很强的技术性、隐蔽性和谋略性，并贯穿于作战全过程，广泛而深刻地影响着战役、战斗的进程和结局。

肚皮笑笑破

美国一个新兵训练营放映电影教材的时候，电影内容沉闷，室内空气污浊，很难不打瞌睡，可是教官真有本事，居然想出巧妙的办法。他对新兵们说："打瞌睡原无不可，可是坐在瞌睡虫两旁的人须在操场上跑五圈。"

这样一来，就没有人打盹儿了。

防化兵

防化兵初建于第一次世界大战期间是军队中担负防化保障任务的专业兵种，又称"化学兵""防化学兵"。它的主要任务是：实施化学和核辐射侦察；实施消毒和消除沾染；实施喷火，协同步兵作战；施放烟幕，掩护部队行动；指导部队对核武器、化学武器和生物武器的防护。

工程兵

工程兵是担负军事工程保障任务的专业兵种。各国军队的军种中都编有工程兵。陆军工程兵一般由工兵、舟桥、建筑、工程维护、伪装、野战给水工程等专业部队、分队组成。其主要任务是实施工程侦察，构筑工事，修筑道路，架设桥梁，开设渡场，构筑、设置和排除障碍物，对重要目标实施伪装及构筑给水站等。其他军种的工程兵主要担负军港、机场、导弹基地等军事工程的建设和维护、抢修任务。

陆军防空兵

如果没有防空兵，那么敌人最大的优势就是可以随意地去轰炸了。陆军防空兵是陆军中以地空导弹、高射炮武器系统为基本装备，执行防空作战任务的兵种，有的国家称"防空炮兵"。陆军防空兵是合成军队的重要组成部分，是执行野战防空任务的基本力量，具有良好的射击精度和较高的机动能力，能单独或协同其他防空兵力完成陆军各种行动中的防空作战任务。

地空导弹兵

地空导弹兵是装备地空导弹武器系统，执行防空作战任务的兵种或部队，分属空军、

防空军、陆军和海军。它一般由火力分队、指挥分队、技术保障分队和其他勤务分队编成，能在昼、夜间和复杂气象条件下，抗击从低空到高空、从低速到高速飞行的飞机和机载空地导弹。它主要担负国家要地防空和军队集团防空任务，参加夺取制空权的斗争。通常同歼击航空兵、高射炮兵共同执行防空作战任务，也可单独作战，是国土防空和野战防空的重要力量。

陆军航空兵

陆军航空兵是以直升机为主要装备，用以支持地面部队作战的现代陆军高技术兵种。其主要任务是在战术范围内实施航空火力支持、运送部队和进行航空侦察。作为在第二次世界大战后逐步发展起来的。陆军航空兵是一个年轻的发展中的兵种，由于它在现代战场上的特殊作用，在未来的一个时期内，无论在装备和战术上，都将会得到很大的发展。

我来考考你

1. 负责与敌方进行电子斗争的是（ ）。
A. 装甲兵 B. 通信兵 C. 电子对抗兵 D. 防化兵

海中蛟龙——海军

海军是以舰艇部队和海军航空兵为主体，担负海上作战任务的军种，是海上作战的主力，是当之无愧的“海中蛟龙”。海军是一个多兵种组成的武装集团，拥有水面舰艇、潜艇、航空兵、岸防兵和海军陆战队共五大兵种。其主要任务是独立或协同陆军、空军，防御敌人从海上的入侵，保卫领海主权，维护海洋权益。它具有在水面、水中、空中作战的能力。

诗词贝贝乐

江上渔者

（宋）范仲淹

江上往来人，但爱鲈鱼美。
君看一叶舟，出没风波里。

海军礼仪

海军礼仪是各国海军军种在日常生活、工作、节日、庆典等场合用于表示敬意、庆祝、祝颂和哀悼的礼节和仪式。主要体现军人及上下级相互尊重，舰艇、部队相互间及与他国海军交往中的友好及礼貌等。礼仪分为：军人登离舰礼节；舰船间礼节；迎送国家元首、政府首脑、军队高级将领的礼节；舰艇出国访问的礼节和迎接他国军舰的礼节；海上阅兵和海上葬礼等。礼仪方式有：鸣放礼炮、鸣笛、鸣哨、挂满旗、挂满灯、隆重升降旗、舰员分区列队、使用仪仗队和军乐队等。世界各国海军礼仪方式基本相同，但在具体细节、实施步骤及表达方式等方面有所不同。

信号旗

同学们，海军舰艇如果在海上相遇经常会使用信号旗。信号旗又叫“通讯旗”，是在长方形、鱼尾形、三角形和梯形的旗舰上，用红、黄、蓝、白、黑五种颜色的色块组成各种图案，分别代表字母和某种意义。国际信号旗由 26 面字母旗、10 面数字旗、3 面代用旗和 1 面回答旗组成，每一面字母旗都代表一个意思，除了用单面旗通讯，还可以用多面旗组成一个词组，表达一个完整的意思，一般只有在节日或重大庆典上才挂满旗。

ABC 洋话天天说

A：Do you like coffee？

B：No，I don’t care for it.

A：你爱喝咖啡吗？

B：不，我不爱喝。

海军陆战队

海军陆战队，多么响亮的名字啊！同学们肯定都知道它。海军陆战队是海军中担负渡海登陆作战任务的兵种，有的国家称“海军步兵”。通常由陆战步兵、炮兵、装甲兵、工程兵和侦察通信等部队、分队组成，有的还编制有航空兵，一般按师（旅）、团、营的序列编制。主要装备有步兵自动武器、轻便自行火炮、地空导弹、水陆坦克、两栖装甲输送车、气垫船、固定翼飞机和直升机等。其任务是独立地或协同陆军实施渡海登陆作战、反登陆作战。在协同陆军登陆时，通常担任登陆先遣队，首先突击上岸，保障后续梯队登陆，也可配合陆军担负海岸防御任务。

海军水面舰艇部队

水面舰艇部队是海军中在水面执行作战任务的兵种，有的国家称“水面部队”或“水面兵力”。包括水面战斗舰艇部队和勤务舰船部队，编有各类舰艇、船只，具有在广阔海域进行反舰、反潜、防空、水雷战和对岸攻击等作战能力。战时，能独立或在其他军种、兵种部队协同下完成海上战斗、战役以及战略性战役任务。主要用于攻击敌方海上兵力和岸上目标，支持登陆、抗登陆作战，保护或破坏海上交通线，进行海上封锁、反封锁作战，运送作战兵力与物资，参加夺取制海权和海洋制空权的斗争等。平时，除保卫海疆外，还根据国家政治、经济和外交政策，保护大陆架、专属经济区，保卫和参加海上科学试验与调查作业、开发海洋资源，维护国家海洋权益。有的国家还将水面舰艇部队派到特定海域炫耀武力，甚至直接进行军事干涉。水面舰艇部队是海军的基本作战兵力，凡有海军的国家，都有水面舰艇部队。

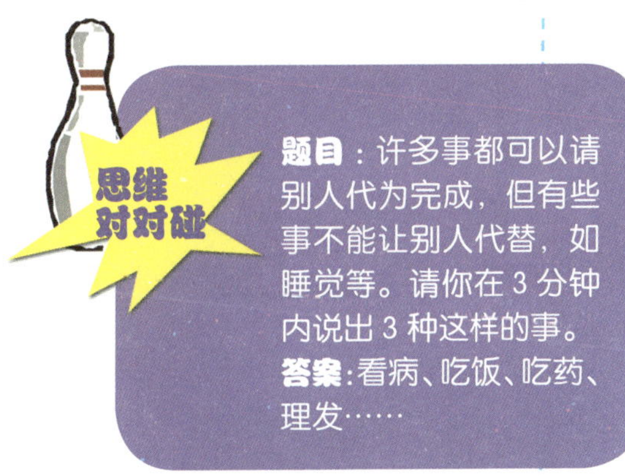

题目：许多事都可以请别人代为完成，但有些事不能让别人代替，如睡觉等。请你在 3 分钟内说出 3 种这样的事。

答案：看病、吃饭、吃药、理发……

舰艇战斗队形

在海上打仗也要列队吗？那当然。舰艇在海面上作战像在陆地上打仗一样，也要组成一定的编队和战斗队形。舰艇的战斗队形有纵队、横队、梯队（方位队）、人字形、菱形和环形等。舰艇组成战斗队形迎战，能最大限度地发挥所有兵力、兵器的威力，攻击时便于集中火力，防御时便于组织火网，还能抗击来自空中、水面和水下的袭击。

海军司令视察一艘新造的舰船，当他走到水手舱时，舰长告诉他，这是 50 名水手的舱房。

海军司令大吃一惊！“难道 50 个人就住这么一点地方？”

舰长解释道：“不是 50 个人，是 50 个水手。”

海军潜艇部队

海军潜艇部队是主要在水下执行作战任务的海军兵种。按动力装置分为常规动力潜艇部队和核动力潜艇部队；按武器装备和担负的任务分为鱼雷攻击潜艇部队、导弹攻击潜艇部队、战略导弹潜艇部队和执行特定任务的潜艇部队。战略导弹潜艇部队是一个国家战略核威慑和核打击力量的组成部分。作为海军海上作战的重要力量，潜艇部队的作战任务受其使命、特点和国家海军战略、地缘政治及军事理论的影响，主要有：保卫海上交通线，担负海上护航、侦察、巡逻、布雷、运输等任务；破坏敌方海上交通线，在海洋上实施攻势作战，消灭敌方大、中型舰船和潜艇；摧毁敌方基地、港口和岸上主要目标；实施战略突袭；协同海军航空兵、水面舰艇参加夺取制海权的行动；协同陆军实施登陆作战，或独立输送登陆侦察和破袭人员上岸。

海军航空兵

海军航空兵是在海洋上空执行作战任务的海军兵种。按照起降基地的不同分为岸基航空兵和舰载航空兵。海军航空兵突防作战是当代高技术条件下海上局部战争的重要作战手段，是海军航空兵的主要作战任务之一。海军航空兵的空中突防作战不仅能有效地打击敌空中及海面目标，而且还可以打击敌沿岸及岸上纵深目标，具有远程作战、高速机动和猛烈突击的能力。

海军岸防部队

海军岸防部队包括海岸炮兵和海岸导弹部队。岸防兵的主要任务是保卫海军基地、港口和沿海重要地段，消灭敌舰船，封锁航道，支援陆海区活动的舰船，支援岛屿、要塞守备部队作战。海军岸防兵与敌人水面目标作战时的主要特点有：射击精度高，火力突击威力大；可充分利用地形和工事防护，生存力强；战备转移快，能适时投入战斗。

我来考考你

1. 信号旗又叫“通讯旗”，由（ ）、（ ）、（ ）、（ ）、（ ）五种颜色的色块组成各种图案。
2. 舰艇的战斗队形有（ ）、（ ）、（ ）、（ ）、（ ）和（ ）等。

诗词贝贝乐

题临安邸

（宋）林升

山外青山楼外楼，
西湖歌舞几时休？
暖风熏得游人醉，
直把杭州作汴州。

空中雄鹰——空军

空军是以空中作战为主要任务的军种，主要由多种航空兵组成，并编有地空导弹兵、高射炮兵和雷达兵等。空军通常装备有歼击机、轰炸机、歼击轰炸机、强击机、侦察机、运输机、直升机及其他特种飞机。空军具有远程作战、快速反应、高速机动和猛烈突击能力，既能单独作战，又能协同其他军种作战。空军是现代战争的重要力量，对战争的进程和结局能产生重大影响。

空军飞行员

空军飞行员是空军的主体，是在军用飞机上驾驶和操作设备的人员。单座飞行的飞行员的任务除负责驾驶飞机外，还担负着领航、通信、侦察、射击和轰炸等任务。能在白天和黑夜以及各种情况下执行任务的飞行员称为“全天候飞行员”，技术全面的飞行员还能在空中进行各种特技飞行。

空中编队

和陆地、海中作战一样，空中作战也要编队。空中编队就是两架以上的飞机和直升机在空中按规定的间隔、距离和高度差组成的编队。最基本的编队是双机或三机编队。通常是同型机进行编队，必要时不同的机种、机型也可混合进行编队。飞机编队能有效地进行防守和进攻，集中火力给敌人以痛击。

长机

长(zhǎng)机是空中编队飞行时的带队飞行。大编队中除有带队长机外，组成编队的小编队包括基本编队（双机、三机）也各有长机。长机的职责是率领编队（或僚机）执行任务。

僚机

在空中编队飞行中，跟随长机执行任务的飞机称“僚机”。战机一般是双机编队，长机为主，僚机为辅。长机由有经验的飞行员担当，僚机通常是新飞行员。只有长机能够主动攻击敌机，僚机不能离开长机主动攻击敌机。僚机的职责就是负责掩护和观察长机的后方，帮助长机完成各种任务，而其首要职责是保护长机，让长机把全部精力集中到攻击上去。

空降兵

空降兵是以伞降或机降方式投入地面作战的兵种，习惯上称为“伞兵”。空降兵具有空中快速机动能力，能超越地理障碍和地面防线，直接进入敌后进行突然袭击，是用于快速部署和纵深攻击的重要力量，既能配合正面进攻（或登陆）部队作战，也能在敌后独立作战。

洋话天天说

A:I' m sorry, I' m late.
B:That' s all right.
A:真对不起，我来晚了。
B:没事儿。

空军航空兵

空军航空兵是在空中执行作战任务的空军兵种，是空军的主要作战力量，是由歼击航空兵、轰炸航空兵、强击航空兵、运输航空兵、侦察航空兵等多种航空兵组成的现代化空中力量。具备一定水平的远程作战、高速机动、猛烈突击和对空防御能力。

歼击航空兵

歼击航空兵是装备歼击机歼灭敌方空中飞机和飞航式空袭兵器的兵种。其主要任务是抗击空袭、夺取制空权，掩护地面部队、舰艇部队，保障其他航空兵和空降兵的战斗行动，以及实施强击和航空侦察。歼敌的主要手段是空战，战斗活动方法主要有空中截击、空中巡逻和空中护航等。

轰炸航空兵

轰炸航空兵是装备轰炸机对地面、水面目标进行突击的兵种。轰炸航空兵能投放航空炸弹、核弹、鱼雷和发射空地、空舰导弹，具有猛烈突击和远程作战的能力，是空军的主要进攻力量。其主要任务是消灭敌方导弹、核武器，摧毁、破坏敌方政治、经济中心和重要工业目标，参加夺取制空权、制海权的斗争，支持地面、舰艇、空降部队作战，以及实施航空侦察和电子干扰。

运输航空兵

运输航空兵是装备军用运输机和直升机，执行空中输送任务的兵种。有的国家称为“军事空运部队”，具有快速、远程和超越地理障碍的运输能力，是军队快速反应的一支主要力量，主要任务是保障部队实施空中机动、空降作战，运送武器装备和物资器材。

侦察航空兵

侦察航空兵是以侦察机为基本装备，从空中获取情报的兵种。它由专业侦察飞行部队、其他航空兵侦察飞行分队和情报处理机构组成，具有全天候机动能力、突防能力、综合侦察能力、情报信息的实时传输和处理能力，主要用于对敌方战术、战役和战略纵深内的重要目标实施航空侦察，提供各军种、兵种作战需要的有关情报。

强击航空兵

题目：绿色可以帮助我们做什么事？3 分钟内要说出 3 种，如果多说一些更好。

答案：信筒，交通信号灯，军服，墙围，邮递员的服装

强击航空兵是装备强击机从低空、超低空攻击地面和水面目标，直接支持地面部队、海上舰艇编队作战的空军兵种。其主要任务是支持地面部队进攻和防御作战，消灭和压制敌方战术、战役纵深内的导弹、炮兵阵地、集群坦克及有生力量，破坏敌方指挥机构和防御工事，破坏和封锁敌方交通运输；支持登陆部队登陆作战，协同地面部队消灭敌方登陆兵，协同海军编队突击敌方舰艇；支持空降作战，协同地面部队消灭敌方空降兵；参加争夺制空权，破坏敌方机场，消灭敌方机场上的飞机和人员，摧毁敌方雷达站；实施航空侦察。

地勤人员

同学们不要小看地勤人员啊！地勤人员是保养和维修飞机的地面工作人员，其主要任务是负责对飞机进行日常保养、例行检查和维修，以使飞机始终处于良好状态。另外，地勤人员中的军械士要保证战斗机始终有足够的弹药和炸弹。

肚皮笑笑破

爱德华被征召入伍，他当的是伞兵。他还没有习惯坐飞机，上司就命令他跳伞——他只好跳了下去。

他总算平安地着落。他见到上司后说：“请您记住，我已经跳过两次伞了。”

“爱德华！你明明只跳了一次！”

“不对！是两次，长官。第一次和最后一次！”

›› 特技飞行

同学们看过空军的特技飞行吗？特技飞行是飞行员驾驶飞机在空中不断改变飞行姿态，做动作造型的飞行技术，如多方向的旋转、翻滚，以及飞出各种弧线形状等。它对于提高飞行员的驾驶技术、增强飞行耐力、培养勇敢精神和充分发挥飞机的飞行技能等，有重要的作用。

我来考考你

1. 同学们，空军地勤人员的主要任务是什么？
2. 侦察航空兵是装备强击机从低空、超低空攻击地面和水面目标，直接支持地面部队、海上舰艇编队作战的航空兵。（　　）

第五章 严明的军事制度

行军打仗一定要有严明的军事制度，才能百战百胜。现代军事制度简称“军制”，是指国家或政治集团组织、管理、发展、储备军事力量的制度，主要包括军队编制、军用标志、军衔、军服等内容。军制的制定和发展受社会政治制度、经济条件、科技水平、战争实践、军事理论、历史传统、地理环境等多种因素的影响。下面就让我们了解一下军事制度吧！

军队编制

军队编制随着军队的出现而出现、发展而发展，经历了由简单到复杂、由低级到高级的发展过程。中华人民共和国建立后，中国人民解放军进入革命化、现代化、正规化建设的新阶段。在部队编制上，按集中统一与因地制宜相结合的原则，分别确定陆军、海军、空军及第二炮兵的编制序列和各级建制单位的名称，几经改革，形成了利于作战、便于管理的比较科学的合成军队的编制。世界其他国家军队的编制也都经历了大体相同的发展过程。

春日

（宋）朱熹

胜日寻芳泗水滨，无边光景一时新。
等闲识得东风面，万紫千红总是春。

A：What’s her problem？

B：She’s just upset.

A：她怎么了？

B：她只是有点心烦。

班

班是由若干名士兵编成的最基层军队组织，通常隶属于排。班设班长，由军士担任。一般在排的编成内遂行任务。班的编制人数根据所担负的任务、配备的武器装备和便于管理、指挥的原则确定。

排

排是由若干个班编成的军队一级组织，通常隶属于连，为战术小分队，每排设排长，由军官或士官出任。一般在连的编制内遂行任务。依任务、装备和编成的不同，排区分为步兵排（摩托化步兵排、装甲步兵排、步兵战斗车排）、坦克排、炮兵排、工兵排、侦察排、雷达排、通信排、修理排、汽车排、勤务排等。

连

连是由若干个排（或班）编成的军队一级组织，通常隶属于营，为基本战术分队，一般在营的编制内遂行任务。直属团以上单位的连称“独立连”，多担负技术和勤务保障任务。连依任务、装备和编成的不同可分为步兵连（装甲步兵连、摩托化步兵连、机械化步兵连）、坦克连、炮兵连、导弹连、工兵连、通信连、防化连、侦察连、雷达连、电子对抗连、汽车连等。

思维对对碰

题目：请你在1分钟之内说出5种大树的名字，如果超过了1分钟，可以重新开始，但说过的就不能再说了。

答案：杨树，柳树，皮松，银杏，水杉……

营

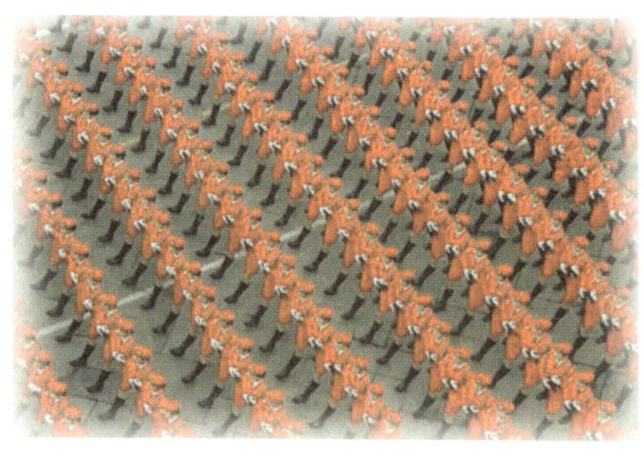

营是由若干个连编成的军队一级组织，通常隶属于团和旅，为高级战术分队，一般在团或旅编制内遂行战斗任务。直接隶属于师以上单位的营称“独立营”，多遂行战斗勤务、技术勤务和后勤保障任务。营按任务、装备和编成的不同分为步兵营（摩托化步兵营、机械化步兵营）、坦克营、炮兵营、导弹营、空降兵营、电子对抗营、工兵营、通信营、雷达营、防化营、汽车营等。战斗营通常辖3～5个战斗连及战斗、勤务保障分队。设有营部，有的国家军队的营设司令部，编有参谋长和参谋。

团

团是由若干个营（或连）编成的军队一级组织，通常隶属于师（或旅）。直属于军（集团军）以上单位的称“独立团”。团为基本战术部队，是具有一定职能和权限的教育

连长检阅新兵时，对队伍的排列有了疑问，便问一个排长："你为什么把高个子排在第一排，中等个子排在第二排，矮个子排在最后一排？"

"报告连长！"排长立正报告，"因为我入伍前是摆水果摊的。"

训练、行政管理单位，设有领导机关，编有战斗勤务保障分队。团由统帅部授予番号和军旗，有的还有自己的独特标志。依任务、装备和编成的不同，团区分为步兵团（摩托化步兵团、机械化步兵团）、坦克团、炮兵团、航空兵团、空降兵团、导弹团、工兵团、通信团、防化团、雷达团、汽车团等。团通常在师或旅编成内遂行作战任务。

旅

旅是由若干个营（或团）编成的军队一级组织，通常隶属于师或集团军（军），为战术兵团，设有领导机关，编有战斗、勤务保障分队。旅一般在上级编成内遂行作战任务，亦可独立作战。依任务、装备和编成的不同，旅分为步兵旅、坦克旅（装甲旅）、炮兵旅、反坦克旅、高炮旅、防空旅（防空混成旅）、战术火箭旅（导弹旅）、空降旅（伞兵旅）、工兵旅、舟桥旅、海军陆战旅、航空兵旅、雷达旅等。

师

师是由若干个团（或旅）编成的军队一级组织，设有领导指挥机关，编有战斗、勤务保障部队、分队，通常隶属于集团军或军，为基本战术兵团。师一般在上级编制内遂行作战任务，亦可独立作战。按任务、装备和编成的不同，师可区分为步兵师（徒步步兵师、摩托化步兵师、机械化步兵师、山地步兵师、重装步兵师、轻装步兵师）、坦克师（装甲师）、炮兵师、高射炮兵师、防空师、空降师（空降兵师）、航空兵师、空中突击师、海军陆战师（海军步兵师）等之分；按战备程度的不同，师有满员师、简编师、架子师、动员师等。师是构成战略战役军团的基础，也是计算战略战役力量对比的基本单位，其数量和质量是衡量军队作战实力的主要标志。

军

军是由若干个师（或旅）编成的军队一级组织，通常隶属于军区、方面军。军设有领导指挥机关，编有战斗、勤务保障部队和分队，为战役战术兵团。军一般在上级编成内遂行作战任务，亦可独立作战。依任务、装备和编成的不同，军分为陆军军（步兵军）、坦克军、空军军、空降军等。

集团军

集团军是由若干个军（或师）编成的军队一级组织，通常隶属于军区或方面军、集团军群。设有领导指挥机关，并直辖一定数量的战斗、勤务保障旅（团）、营，为基本战役军团。集团军一般在上级编成内遂行战役作战任务，亦可独立担负作战任务。依任务、装备和编成的不同，集团军可区分为诸兵种合成军团（有的称“野战集团军”）、坦克集团军、空军集团军、防空集团军、战略火箭集团军等。集团军通常在战时编设。一个国家的军队平时是否编设集团军主要取决于军队规模、领导指挥体制、作战方式和地理环境、历史传统等因素。平时编设集团军的国家，集团军一般为部队的最高编制单位，战时则可为方面军（集团军群）编成的基础。集团军通常编制不固定，规模有大有小，一般依据集团军的性质、战役使命、所担负的任务、战区的地理环境和敌方军队的编制等条件而定。

方面军

方面军，由若干个集团军编成的军队一级组织，隶属于统帅部或战区，设有领导指挥机关，为诸军种、兵种合成的战略战役军团。方面军通常在战时组建，其编成主要视作战方向的战略地位、战场容量、敌方可能投入的兵力和己方兵力情况及作战目标等因素而定。一般能独立地进行一个战役方向的作战，还可与其他方面军共同进行数个战役方向或一个战略性战役方向的作战。有的国家的方面军还可用于完成陆战区一个战略方向或数个战略性战役方向任务。建立方面军的目的在于对重要方向上作战的部队实施统一指挥，使之协调一致，共同完成作战任务。有些国家将与方面军性质、任务、编成相类似的军队组织称“集团军群”。

我来考考你

1. 营是由若干个连编成的军队一级组织。通常隶属于（　　）和（　　）。
2. 依任务、装备和编成，军可分为（　　）、（　　）、（　　）、（　　）等。

军用标志

军用标志，是指由武装部队订购、监制，专供武装部队使用的标志，包括武装部队人员统一穿着的服装、车辆统一悬挂的号牌，以及其他表明武装部队性质和人员身份的军旗、军徽、胸徽、帽徽、肩章、袖标、领花、专业符号等。它是武装部队同其他组织相区别的外部标志。

晓出净慈寺送林子方

（宋）杨万里

毕竟西湖六月中，风光不与四时同。
接天莲叶无穷碧，映日荷花别样红。

军旗

军旗是象征军队或建制部队的旗帜。有些国家的军旗还包括主管人员旗。一般由旗幅、旗杆和旗顶组成。旗幅的规格、质料、颜色、图案（字样）及制作方法等，各国军队都有严格的规定。旗杆一般为金属品，表面有旋纹；旗顶多为矛头、十字或其他象征性图形，有的饰穗子。军旗是军队荣誉、勇敢和统一指挥的象征，由最高军事领导机关制定和颁发。中国人民解放军军旗样式为：旗幅为红地，长方形，横竖比例为5∶4，靠旗杆上方缀金黄色五角星和“八一”二字，故简称“八一”军旗。五星和“八一”二字表示，中国人民解放军自1927年8月1日南昌起义诞生以来，经过长期奋斗，以其灿烂的星光普照全国。“八一”军旗是荣誉、勇敢与光荣的象征，是鼓舞全军指战员团结战斗的旗帜。全军指战员必须自觉尊重和保卫自己的军旗，战时如由于部队怯懦而丢失军旗者，该部指挥员应受到军纪惩处。

军徽

军徽是象征军队的标志之一。有些国家的军队各军种都有自己的军徽。把具有一定意义的图案制作成徽章作为某一军事集团的象征和军事首领的标志在古代已有之。军旅中的徽章不断发展，逐渐发展成象征军队或建制部队的标志之一。中国人民解放军军徽的样式为镶有金黄色边的五角红星，中嵌金黄色“八一”二字，亦称“八一”军徽。红星象征中国人民获得解放；红色为革命的颜色，亦为我国人民习为喜庆的颜色；“八一”二字表示 1927 年 8 月 1 日，即中国人民解放军诞生之日。

帽徽

帽徽是军人佩戴在军帽上的标志。中国人民解放军于 1988 年 10 月开始使用的“八七”式帽徽，分为大小两种。大帽徽缀于大檐帽、绒（皮）帽，主体为“八一”红五星，八片松枝叶环抱着麦穗、齿轮和天安门，象征着中国人民解放军是工人阶级领导的以工农联盟为基础的人民民主专政的社会主义国家的武装力量，与全国各族人民同心同德，保卫祖国，建设祖国。人民解放军属于人民。采用松枝叶作为帽徽的组成部分，是因为松树傲然屹立，傲风雪、抗严寒，不怕风吹雨打，苍劲有力，生机勃勃，永葆青春，给人以力量、启发和勇气，具有勇于牺牲精神和奉献精神。帽徽总体高、宽皆为 50 毫米，分陆、海、空军三种。陆军底衬海蓝色，海军底衬藏蓝色和金黄色铁锚，空军底衬天蓝色和金黄色飞翅。底衬为铝冲压制成，用螺丝、螺帽缀钉。松枝叶纹仿刺绣，颜色与麦穗、齿轮、天安门一致，为金黄色，天安门按标准加工，上下平直，左右高出松叶 0.5 毫米左右，周边有清晰的轮廓线。小帽徽缀于作训帽，呈圆形，直径为 35 毫米。其采用软塑料热转移印模制成，具有轻便、柔软、形薄的特点，便于佩戴。陆、海、空三军小帽徽的区分与大帽徽相同。小帽徽中央有“八一”红星，周围有金黄色麦穗和齿轮。

ABC 洋话天天说

A：My test score was low.
B：Try harder next time.
A：我的考分很低。
B：下次再努力吧。

肩章

肩章是军人佩戴在军服肩上的识别标志。形状有梯形、剑形、斜角形、矩形等，缀有军衔等级或军兵种专业勤务符号。依佩戴时机的不同，肩章通常分为常服肩章、礼服肩章、作训服肩章等。各种肩章样式基本相同，礼服肩章以饰物相衬。肩章的作用是按肩章的种类、式样、颜色、肩章上的彩色杠（竖条带）和条纹的数量、宽度以及星徽或其他图案的数量、大小，区分军衔等级和勤务的属性。18 世纪初，肩章作为一种识别标志在军队佩戴。中国人民解放军于 1955 年 10 月实行军衔制时开始佩戴肩章，形状有梯形、剑形、斜角形和矩形四种，其中元帅、将、校、尉级军官以及院校学员的常服肩章为梯形，海军士兵小肩章为矩形。肩章上缀军衔或军兵种专业勤务符号。元帅肩章绣中华人民共和国国徽和银白色五角星徽各 1 枚，将、校、尉级军官肩章分金黄色、银白色两种，分别绣或缀钉银白色或金黄色五角星徽 1 ～ 4 枚；海军将官金黄色版面肩章，在金黄色星徽周围绣黑色线道，星徽正中为铁锚。军校学员、文工团和军乐团团员、体工队队员肩章，边镶黄色或黑色或蓝色丝带，有的镶金黄纵线，或缀专业符号。海军及其航空兵士兵肩章镶金黄色横线表示军衔等级，上等兵、下士、中士分别 1 ～ 3 条细黄线，上士为 1 条粗黄线；水兵、列兵肩章和学员小肩章绣铁锚。

题目：怎样知道镜子玻璃的厚度？动手试一试，看谁的方法巧妙。

答案：用铅笔尖垂直在镜面上，就可以从侧面看到玻璃的厚度。

肚皮笑笑破

施姆尔成功地让医生相信，他是几乎完全瞎了，因此不能当兵。这一点确定之后，他高兴得去看电影。当他看到身旁坐着的就是那位给他体检的医生时，他的惊恐之大是可想而知的。但他急中生智，问道："小姐，我是不是在南行的列车上！"

领花

领花是军人佩戴在军服衣领上的识别标志，多为金属制品。中国人民解放军 1988 年实行新的军衔制时，全体官兵由佩戴领章改为佩戴领花。军人常服和制式衬衣的领花为军种或专业技术符号。军官礼服的领花不分军种，只分军衔等次。将官礼服领花由五星和松枝叶组成，采用金绢等材料手工刺绣在礼服面料的底布上，呈五边形，工厂直接缀钉在衣领的规定位置。将官领花上绣的松枝叶，表示健康长寿之意。校官礼服领花由金属仿刺绣的五星和麦穗组成，用其背面的螺丝、螺帽缀钉在衣领规定的位置。校官领花上的仿刺绣麦穗，表示人民军队中级军官做出不可磨灭的贡献。尉官礼服领花是由金属仿刺绣五星和宝剑形光芒线组成的，用螺丝、螺帽钉缀在衣领的规定位置。尉官领花底衬宝剑形光芒线，表示朝气蓬勃。1992 年 5 月，文职干部统一配发军装，其领花由金色的齿轮、麦穗和红五角星组成。

我来考考你

1. 说一说中国人民解放军军旗的样式。
2. 中国人民解放军于（　　）年（　　）月实行军衔制时开始佩戴肩章。

军衔

军衔是区分军人等级、表明军人身份的称号、标志，是国家给予军人的荣誉。军衔按其性质可分为正式军衔、临时军衔和荣誉军衔；按兵役可分为现役军衔、预备役军衔和退役军衔。许多国家的法律规定，军衔是军人的终身荣誉，非经法律判决不得剥夺，具有一定功绩的军人退役后，在规定的场所有权穿着佩戴军衔符号的军服。实行军衔制度，有利于提高军人的责任心和荣誉感，加强军队的组织纪律性，方便军队的指挥和管理，促进军队的正规化建设，对国际联盟作战和军队交往也具有重要意义。

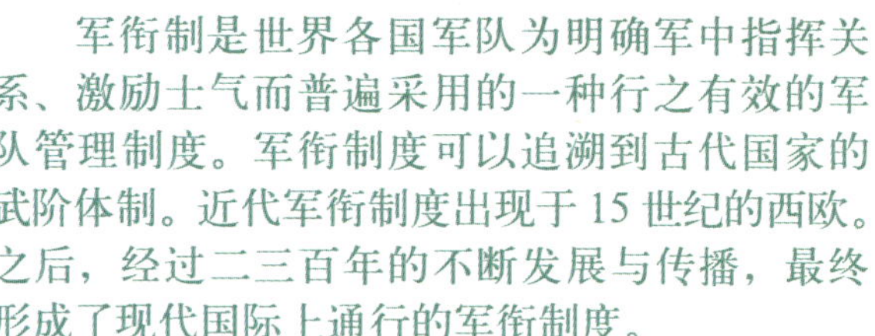

小池

杨万里

泉眼无声惜细流，树阴照水爱晴柔。
小荷才露尖尖角，早有蜻蜓立上头。

军衔制是世界各国军队为明确军中指挥关系、激励士气而普遍采用的一种行之有效的军队管理制度。军衔制度可以追溯到古代国家的武阶体制。近代军衔制度出现于 15 世纪的西欧。之后，经过二三百年的不断发展与传播，最终形成了现代国际上通行的军衔制度。

中国人民解放军诞生于 1927 年 8 月 1 日。在革命战争年代，中国人民解放军曾两次拟议实行军衔制度，但由于受当时环境的制约，两次拟订的军衔制度都未能实行。

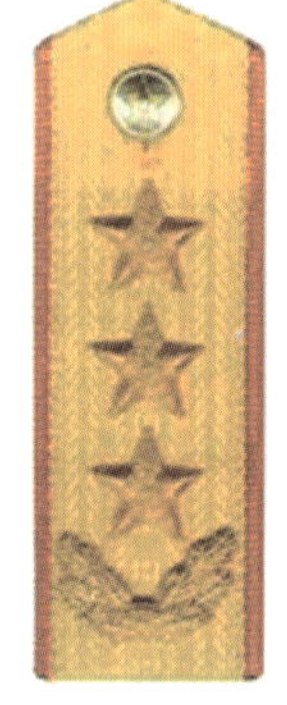

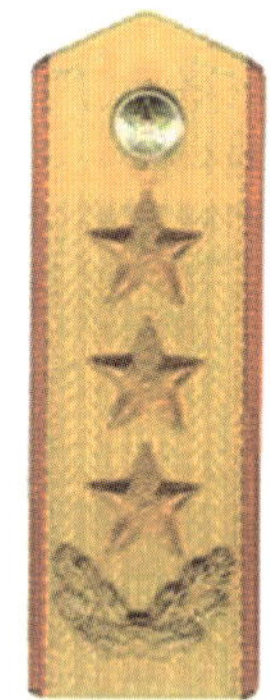

新中国成立后，为增强军人的责任心和荣誉感，促进军队正规化建设，加强军队诸军兵种之间指挥、管理和保障的协同，便于进行国际交往，中国人民解放军于 1955 年 9 月首次在全军（包括现在武警部队的前身公安部队）实行了军衔制。

这次军衔等级设置是在中国传统军衔等级体系的基础上，参照了苏联、朝鲜等国的军衔制而设定的。军官军衔设 4 等 14 级，即中华人民共和国大元帅（大元帅实际未授予）、中华人民共和国元帅；大将、上将、中将、少将；大校、上校、中

A：I feel so sad.
B：Keep your chin up！
A：我真的很痛苦。
B：别灰心！

校、少校；大尉、上尉、中尉、少尉。1955 年 9 月 27 日，全国人大常委会第二十二次会议通过了授予中华人民共和国元帅军衔的决议。同日，中华人民共和国主席毛泽东向朱德、彭德怀、林彪、刘伯承、贺龙、陈毅、罗荣桓、徐向前、聂荣臻、叶剑英 10 人授予中华人民共和国元帅军衔。国务院总理周恩来发布命令，授予粟裕、黄克诚、谭政、萧劲光、王树声、陈赓、罗瑞卿、许光达、徐海东、张云逸 10 人中国人民解放军大将军衔，授予 55 人上将军衔，授予 175 人中将军衔，授予 802 人少将军衔。1956 ~ 1964 年，又陆续晋升了一批将军。到 1965 年，共授予将官以上军衔 1614 人，总计有 60 余万名干部获得了准尉以上军官军衔。

1965 年 5 月 22 日，第三届全国人大常委会第九次会议通过了《关于取消中国人民解放军军衔制度的决定》，1965 年 6 月 1 日开始实施。国务院据此公布了关于中国人民解放军新的帽徽、领章和部分军装样式的决定，规定陆、海、空军和公安部队一律佩戴全红五角星帽徽和全红领章。

改革开放以来，为加强我军革命化、现代化、正规化建设，恢复军衔制度被提到了议事日程。1980 年 3 月，中央军委主席邓小平提出要搞军衔制。1984 年 5 月 31 日，第六届全国人民代表大会第二次会议通过的《中华人民共和国兵役法》规定“中国人民解放军实行军衔制度”。1985 年 6 月，中央军委召开扩大会议，果断地提出割断 1965 年以前的军衔体制，“实行新的军衔制”。

1988 年 7 月 1 日，第七届全国人大常委会第二次会议通过了《中国人民解放军军官军衔条例》。士兵军衔制度同时立法。同年 9 月 23 日，国务院、中央军委又颁布了《中国人民解放军现役士兵服役条例》。由此形成了我军完整的军衔体系。中国人民解放军新军衔制度于 1988 年 10 月 1 日正式实施。

新公布的军衔制度不设元帅、大将和大尉，而以一级上将为最高军衔。军官军衔设 3 等 11 级，即一级上将、上将、中将、少将；大校、上校、中校、少校；上尉、中尉、少尉。海军、空军军官在军衔前分别冠以“海军”、“空军”。专业技术军官在军衔前冠以“专业技术”。中央军委领导人邓小平、杨尚昆主动提出

思维对对碰

题目：蜂蜜为什么特别甜？
答案：因为蜂蜜中有果糖，果糖是人体易吸收的最甜的糖。

一位刚刚荣升的上校到前线视察他将要接管的部队。他走到队列中一位有点羞涩的士兵面前时停了下来，说：“小伙子，头抬高点，即使在大人物面前也要挺起胸来。让我们握握手。你可以写信告诉家里，说你同上校握过手，他们一定会为此感到骄傲的。小伙子，你爸爸是什么人？”“报告长官，我爸爸是将军。”

自己不受军衔，因此，一级上将空缺。

1993 年 10 月 1 日起，士官按级别分别佩戴 4 个军衔等级的标志。士兵军衔按等级分为士官（军士长、专业军士）、军士（上士、中士、下士）、兵（上等兵、列兵）。

1994 年 7 月 1 日，第八届全国人民代表大会常务委员会第七次会议对 1988 年制定的《中国人民解放军军官军衔条例》作了修改。其中主要改动为：(1) 取消一级上将军衔，军官军衔由原来的 3 等 11 级改为 3 等 10 级。(2) 明确规定中央军委主席不授予军衔；中央军委副主席、中央军委委员、解放军总参谋长、总政治部主任的职务等级编制军衔均为上将。(3) 军事、政治、后勤军官从正大军区职至排职的军衔设置，由原来的一职两衔或三衔（其中一个为基准军衔）一律改为一职两衔（其中前一个为主要军衔，后一个为辅助军衔）。

1995 年 9 月 10 日，第八届全国人大常委会通过《中华人民共和国预备役军官法》，规定预备役军官军衔设 3 等 8 级，即少将；大校、上校、中校、少校；上尉、中尉、少尉。

1999 年 6 月，国务院、中央军事委员会重新修订发布《中国人民解放军现役士兵服役条例》，士兵的军衔按兵役性质分为：志愿兵役制士兵军衔有六级士官、五级士官、四级士官、三级士官、二级士官、一级士官；义务兵役制士兵军衔有上等兵、列兵。

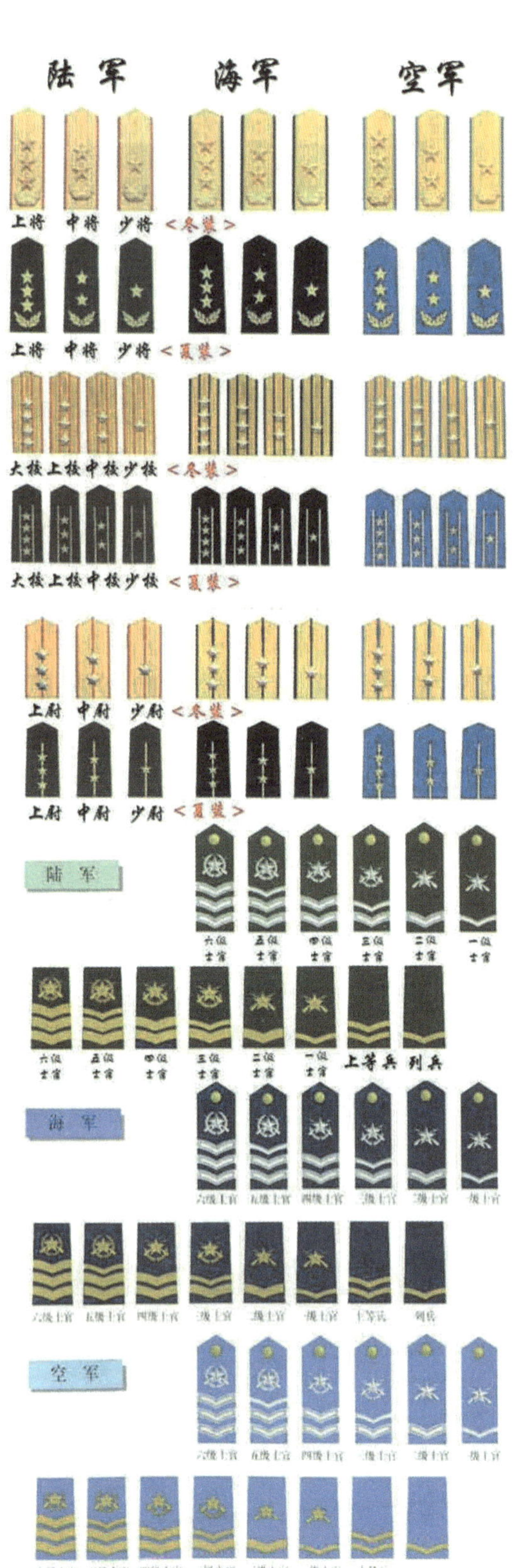

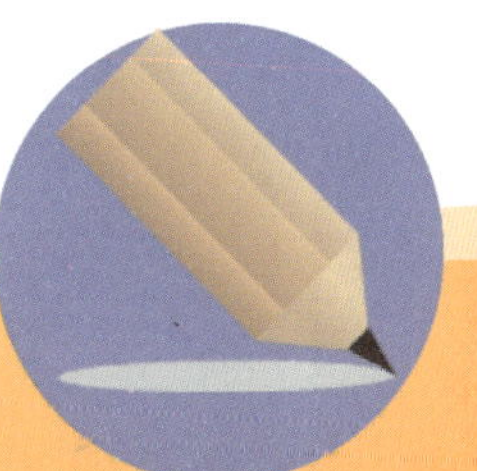

我来考考你

1. 下面被授予中华人民共和国元帅军衔的有（　　）。

A. 刘伯承　B. 毛泽东　C. 彭德怀　D. 叶剑英

2. 下面被授予中华人民共和国大将军衔的有（　　）。

A. 粟裕　B. 黄克诚　C. 谭政　D. 萧劲光

军服

军人穿着的制式服装通称“军服”，是军队的识别标志之一，也是国威、军威和军人仪表的象征。军服使军人能在各种条件和环境中自如地行动，保持旺盛的战斗力和保证身体的健康。军服的根本作用是适应战争的特殊环境，有利于作战。

四时田园杂兴

（宋）范成大

梅子金黄杏子肥，
麦花雪白菜花稀。
日长篱落无人过，
唯有蜻蜓蛱蝶飞。

礼服

军队礼服是军人在盛大集会或重要社交场合的着装。军队礼服用料讲究，做工精细。其特点是庄严、美观、色彩鲜明、军阶标志鲜明、装饰注重民族风格等。军队礼服可以激发军人的荣誉、自豪感和使命感，亦有利于向社会展示军队的军容风貌。

常服

常服是供军人在平时和一般礼仪场合穿着的制式服装。各国军队的常服式样、颜色和材料，因经济条件、地理位置和民族习惯的不同而各有特色。常服按军人身份一般区分为军官常服和士兵常服，按季节分为夏常服和冬常服。常服的特点是穿着方便，更适宜军人平时活动。

作训服

作训服也称“野战服”，是军人作战、训练、劳动和执行军事勤务时穿着的制式服装。其特点是轻便耐用，具有良好的防护性能，适应野战条件下的需要。作训服一般按军种分类，有的国家军队还有兵种作训服。按保护色可分为单色普通作训服和多色组合迷彩作训服，通常是官兵通用。中国人民解放军普通作训服包括夏作训服与冬作训服两种，陆军为草绿色，海军为藏蓝色，空军为上草绿下藏蓝色。

迷彩服

迷彩服是一种利用颜色色块使士兵形体融于背景色的伪装性军服。是由绿、黄、茶、黑等颜色组成不规则图案的一种新式保护色。迷彩服的反射光波与周围景物反射的光波大致相同，不仅能迷惑敌人的目力侦察，还能对付红外侦察，使敌人的现代化侦视仪器难以捕捉目标。古代的军服往往选用比较醒目的颜色，这可使军容鲜明，容易识别，而且使用红色的较多，这可以掩盖血迹，以减少己方士兵因此而发生的恐慌。20世纪60年代以后，新研制的迷彩服采用合成化学纤维制成，不仅在防可见光侦察方面比原先的棉布材料优越，而且由于在色彩染料中掺进了特殊的化学物质，使迷彩服的红外光反射能力与周围景物的反射能力大体相似，因而具有了一定的防红外光侦察的伪装效果。如今，迷彩已不仅仅在士兵的军服和头盔上使用，各种军用车辆、大炮、飞机等军用器材装备上也普遍涂上了迷彩。

飞行服

飞行服是飞行员在执行飞行任务时穿着的军服，是保证飞行人员在飞行中，特别是在高空低气压、缺氧等情况下能正常工作和保证生命安全的重要装备。飞行服按穿着季节分为春秋季、夏季和冬季飞行服。通常上衣为夹克式，下衣为马裤式。中国人民解放军航空兵冬季飞行服的面料是羊皮革，夏季飞行服外衣通常采用薄布料，

具有防寒、防风、保暖性高、透湿透气性强和轻便等特点。

防弹服

防弹服是用于人体躯干免受弹丸或弹片伤害的一种单兵防护军服，多呈背心状，由防弹层和衣套制成。衣套常用化纤织物制作，起覆盖和保护防弹层的作用；防弹层用金属、玻璃钢、陶瓷、尼龙、开夫拉等硬质和软质材料单一或复合制作，使弹头、弹片弹开或嵌入，并消释冲击动能，起到防护作用。防弹层的厚度，根据使用对象的不同，以防护性能与穿着舒适之间的最佳平衡确定。防弹服具有一定的防弹丸直射和防弹片击伤的能力，对人体胸、腹部有良好的防护作用。军人单兵穿着，防弹服能显著地减少战地死亡率和负伤率。防弹服是在铠甲的基础上发展起来的。第一次世界大战期间，战场上人员伤亡总数的 80%是由低速和中速流弹或炸弹的碎片造成的，专家们从古代铠甲得到启发，在一战末期研制出第一代防弹服。第二次世界大战中，碎弹片造成的伤亡率仍占 60% 左右，人们对防弹服的研制越来越重视。20 世纪 40 年代初，美国和西欧一些国家研制出合金钢、铝合金、钛合金、玻璃钢、陶瓷、尼龙等材料的防弹服，并用于战场。60 年代开始出现用优质化纤材料取代优质钢材的第二代防弹服。如今，防弹服又有了新的发展。

A:I don't think I can.

B:Just try it.

A：我想我不行。

B：你试试看。

题目：打开蒸锅或饭锅的锅盖，会冒出许多“白气”，如果是在很冷的天气，“白气”会更多。这白气是水蒸气遇冷变成的小水珠，这些“白气”闷在锅里是什么样子的？

答案：在锅里是热的，是无色透明的水蒸气，不会看到“白气”。

中士对新派给他的士兵詹姆斯十分恼火。

中士：“我简直弄不明白，像你这样的人，怎么也混进军队里来了！我敢肯定，你根本分不清前边那片开阔地上的两个物体，哪个是坦克，哪个是母牛。”

“能！我准能分清楚，中士先生。”詹姆斯信心十足地说，“这是一个母牛，那一个是坦克。”

说完，他犹豫了片刻，又补充道：“中士先生，或者我应该反过来说，这是一个坦克，那是一个母牛。”

跳伞服

跳伞服是空降兵执行伞降任务时穿着的服装，具有防寒保暖、防潮、防水等性能，并有轻便紧凑的特点，其色彩有一定的伪装性。但担任表演任务的空降兵，其服装的色彩却十分鲜艳醒目，为的是收到良好的观看效果。外国军队的跳伞服的式样，上衣多为夹克式，下衣多为马裤式。中国人民解放军伞兵部队的跳伞服，上衣下摆有抽带，下衣裤口是钉有扣绊的散腿式样。

水兵服

水兵服是海军士兵最有特色的服装之一。同学们是不是也喜欢帅气的水兵服呢？世界各国海军服饰虽各有不同，但大致样式相近，形成了一种“国际流行范例”。特别是水兵服已基本形成国际惯用的样式，颜色通常为白、蓝色，上衣为套头式，有披肩，蓝色的披肩和袖口上有数道白线；裤子在侧面开口，裤口肥大。这种“范例”是由多年的海上生活实践而来的。水兵经常在狭窄的舱室里进进出出，对服装要求利索方便，所以上衣一般都是套头式。各国水兵们穿的内衣，通常为白蓝相间的条纹衫，俗称“海军衫”，又称“海魂衫”。海魂衫寓意广阔的大海与蓝天，水兵们穿上海魂衫更显得精神抖擞。

我来考考你

1. 作训服的特点有哪些？
2. 飞行服的作用是什么？

第六章 各异的作战方式

同学们，战争可不是一件好玩的事儿。它是敌对双方为了达到一定的政治、经济目的而进行的武装斗争。引发战争的因素是多种多样的，其中主要的有争夺势力范围、领土争端、边界纠纷、掠夺战略资源、争夺市场、意识形态斗争、宗教矛盾、民族矛盾等。战争是政治通过暴力手段的继续，是流血的政治。在任何文明阶段，军队统帅在战争开始时都要考虑：兵力部署、进攻时机、作战方式等问题。下面，我们为同学们介绍一下各异的作战方式。

四时田园杂兴

（宋）范成大

昼出耘田夜绩麻，
村庄儿女各当家。
童孙未解供耕织，
也傍桑阴学种瓜。

古代的作战方式

从夏朝到春秋时期，主要的作战方式是车战和步兵作战。后来随着骑兵的出现和发展，车战逐渐被淘汰，骑战成为新式作战方式。在历史的长河中，水战、野战、攻防战等作战形式也一一登台亮相。下面我们为同学们介绍一下古代的作战方式。

车战

同学们看到车战的机会比较少，它是以马拉木质战车交战为主的作战方式。从广义上说，战车是指专为作战使用的各种战斗车辆的总称。除了辎重车和特种攻城车外，主要有商周车战时代用来乘载士兵作战的木质战斗车辆，以及宋代以后装备各种兵器的战斗车辆。战车一直是夏商西周春秋这一时期军队的主要作战装备，驾乘战车作战成为这一时期战争的特征。车战的基本作战单位是乘。那什么是乘呢？乘就是以战车为中心，配以一定数量的甲士和步卒（步兵），再加上相应的后勤车辆与徒役编组而成。古代车战分攻、守两种，攻车用于直接对敌作战，守车用于屯守和载

运辎重。商代的战车为四马两轮，这是中国古代车战的定型用车。不过，车战在现代的军事观点中是很落伍的。由于车辆本身的限制，战斗必须要在平原进行，为了保证正面的冲击性，就需要结合成方阵。这在开始时对付对方的步兵很有用，但是同样都是战车的冲击，战术单调。战争的失败往往取决于一两次决战。

水战

水战是一种在水面上利用舰船进行的战斗。自中国古代有大规模水战以来，在火药和远程抛射兵器出现前，水战还是比较简单的，水师的作战方式基本上就是冲撞、接舷以及弓箭对射等较原始的状态。最常见的便是两船挂靠在一起后，由双方搭载的士兵在对方或自己的甲板上通过肉搏战来最终决出胜负。可以说，这一水上作战样式几乎延续了整个春秋战国时期。随着研制出可以抛射投掷的燃烧物，以及水师战术的发展，中国在汉代开始出现大型的多层楼船，其四周建有设置了射箭垛口的“女墙”，最顶层还往往部署有炮车（抛石机）和擂石。人员舱则上覆皮革，以抵挡来自敌方火攻与箭矢的伤害。水军的战术主要有三种：一为战舰对攻；二是实施火攻；三则是通过在江河之上设置拦江索来阻截对方。同时，限于当时船只原始的动力性能，交战双方都会力图抢占上游有利位置，以便借助水势顺流而下取得主动。

步战

步战是以步兵为主的作战方式。具有灵活性、机动性的步战的兴起，使战争从平原旷野向山川险要地区扩展，从以车兵为主的运转不灵的密集集团方阵向以步兵为主的多种阵形演变。步兵对车、骑兵作战时，一要充分利用有利地形，如无险要地形可资利用，就要使用就便器材设置障碍物；二要区别不同情况，采取相应的有效战法。现代的步战是诸兵种协同进行的合同作战。

A：Are you joking？
B：No，I’m serious.
A：你是开玩笑吧？
B：不，我是认真的。

骑战

同学们，骑兵在古代可是一个了不起的兵种。骑战是以骑兵为主进行的战斗，古代的骑兵部队大致相当于现在的坦克部队，具有行动迅速、机动灵活的特点。通常用于正面突击、迂回包围、追击、奔袭等任务。骑兵是军队的核心，是战场的主人，无论是进攻还是防守，若没有骑兵的存在，任何一支部队都不可能在战场上取得决定性的胜利。中国的骑兵一般都是用弓箭进行远程攻击，用长兵器做冲击，用短兵器做近身攻击。作战时，骑兵手执长枪、长矛，从较远的距离向敌人发起冲击，马匹的冲击力量加上长矛的锋利，杀伤力大得惊人。一般的敌人经过一两次冲击后就会阵脚大乱。然后再出动步兵配合骑兵进行近距离作战或者是用弓箭在远处射击，在马匹跑动的同时射出弓箭，不但射程远，而且威力大。骑兵最大的杀招就是冲锋，一次成功的冲锋能够冲垮敌人精心排布的任何阵形。中国战国时开始大量使用骑兵作战。秦汉时期，由于北方游牧民族的不断袭扰，骑兵一直是中原地区一支重要的作战力量，在当时的战争中发挥了重要作用。

思维对对碰

题目：请你判断，人体中的毛细血管非常多，人的眼睛刚好可以直接看到。

答案：错，肉眼看不到毛细血管。

野战

喜欢玩游戏的同学都知道野战吧？野战是在城市和要塞以外进行的战斗。它随着时代的发展而不断变化。秦始皇在统一中国的战争中，车、步、骑兵相配合，水陆并用，使野战的机动性大为提高。汉、唐在统一全国的战争中，都成功地运用了由近及远、各个击破、避实击虚、奇兵突袭等野战谋略和战法，终获全胜。成吉思汗创造了运用骑兵远程奔袭、快速进攻、迂回包围、野战歼敌的战法，将野战战法推向一个新的高度。

两个士兵喝醉了酒，踉踉跄跄地朝营房走去。其中一个打着酒隔说：“汤姆，我当兵以来还从没见过这么长的梯子。你看，那些横在路上的阶梯，怎么老也没个完？”

另一个结结巴巴地回答：“不对！你弄错了。那不是梯子，那是栏杆。”

攻防战

攻防战是城池（城堡）守卫者与进攻者之间的战斗，是古代战争中的一种重要的作战形式。中国春秋战国时期，城池发展迅速，城池攻防作战成为克敌制胜的重要手段。在中世纪欧洲的战争中，城堡攻防战也很普遍。为了提高防御能力，城堡守卫者在城堡四周挖深壕，注满水形成护城河。而围攻者则想尽一切办法破坏城防设施。

我来考考你

1. 战车一直是（　　　　　　　　　　　　）时期军队的主要作战装备，驾乘战车作战成为这一时期战争的特征。
2. 同学们，古代水军的战术主要有哪 3 种？

现代与未来的作战方式

同学们，现代战争和古代战争相比，已不再以兵力多少、枪炮多少来论优势。在两军对垒的现代战场上，谁占有技术优势谁就可以掌握战场主动权，甚至可以靠这种先进装备的威慑力量达到不战而胜的效果。从二战开始，高科技在战争中得到了充分的应用，这使现代战争方式发生了很大的变化，呈现出“空地一体”“海空一体”的特征。现代战争前线与后方的区别趋于淡化，远战将多于近战。而远战体系的完善，将会逐步降低短兵相接下的作战强度。可以预见，未来战争将会在现代战争的基础上呈现出高速度、全天候的特点。现在就让我们来见识一下现代及未来的作战方式。

秋夜将晓出篱门迎凉有感

（宋）陆游

三万里河东入海，
五千仞岳上摩天。
遗民泪尽胡尘里，
难望王师又一年。

精确打击

精确打击是信息化战争的一个最突出特征。这是一种以信息为支撑，运用精确制导武器实施精确打击的全新作战方式。精确打击首次出现于20世纪70年代的越南战争中。随着精确制导武器的不断发展和在战争中的广泛运用，精确打击的手段和方式也在不断发展变化，并呈现出多手段、多领域、多方向、一体化的特点。

阵地战

阵地战是军队在相对固定的战线上进行攻防的作战形式，是人类有战争以来最古老的作战形式之一。包括坚固阵地攻防作战，野战阵地攻防作战，城市和海岸、海岛的攻防作战等。现代战争中，阵地战的组织规模和样式都有很大发展。防御一方通常纵深配置兵力，组织完整的防御体系，构筑坚固工事，结合反冲击、反突击等攻势行动，消耗对方力量，阻止对方进攻，为转入反攻和进攻态势创造条件。进攻一方通常集中优势兵力，选择主要突击方向，实施重点突破，向纵深发展进攻，歼灭对方有生力量，完成进攻任务。

空战

空战是敌对双方航空兵在空中进行的战斗，是消灭敌机和其他航空器，夺取和保卫制空权的主要手段。在一战期间仅英国就生产了4.78万架飞机，并率先成立了与陆军和海军并列的新的军种——空军。不过那时的空战只是地面战役的一种辅助作战样式，处于战术层面，还没有达到空中战役的规模。空战这一诞生于20世纪初的新型作战样式，在随后的战争舞台上，以其强大的突击火力、快速机动能力和外线打击能力，扮演着无可替代的重要角色，使战争场面更加恢宏壮观，更加残酷激烈。

现代空袭战

现代空袭战是空中作战的重要形式之一。它是从空中使用炸弹、导弹、火炮和火箭等对敌地面、水上目标进行的袭击。空袭按所达成的目的又分为战略空袭和战术空袭。战略空袭是指对敌国影响战争全局的目标进行的空中袭击。战术空袭是指对影响战争局部的目标进行的空中袭击。现代空袭战需要组织严密的战斗保障和作战协同。特别是指挥、控制、通讯及情报系统的有效性和可靠性对现代空袭战的成败都有着极其重要的影响。

海战

海战是海军在海洋上进行的战役和战斗，基本类型有海上机动编队的进攻战和防御战、海上封锁战和反封锁战等，目的是消灭敌方海军兵力，夺取制海权。重要海战的胜负对海洋战区战局和整个战争进程都有极大的影响。因为海战战场是占地球面积 60%的海洋，所以对舰船和武器的发展有绝对的依赖性。

登陆战

登陆战是从海上或空中登上敌军陆岸的战斗行动。历史上有很多著名的登陆战。比如，诺曼底登陆战、石黄岛登陆战等。登陆作战的基本特点是：强渡海区，克服海洋中的天然障碍和其他人为障碍；背水攻坚，克服敌方在海岸地区的抵抗和反击；联合作战，发扬陆、海、空军的作战效能和整体威力，协调一致地打击敌人。现代登陆作战首先是编队、登船装载；其次是抢占滩头阵地；最后是纵深攻击，袭占要点。在登陆作战中，作战方有必要阻止敌人从内陆增援兵力和输送物资，需要通过侦察卫星和电子侦察机等搜集情报，并在开战后迅速地传递情报；有必要了解海岸状况、潮水的涨落、海底的地貌等信息，还需要空中和舰艇的火力支持，需要排除海中的障碍和水雷，需要用登陆舰和直升机从远离海岸的海面快速登陆。

洋话天天说

A: Is the party at 9: 00 ?
B: I' m sure of it.
A: 晚会是 9 点开始吗?
B: 是的。

题目：一个人带着一只鸡一只猫和一袋米过桥，这桥只能承受一个人和另外一件东西。但猫吃鸡，鸡吃米，如果有人在旁边，它们就不敢吃了。请你推论一下，这个人怎么过桥。

答案：这个人先带鸡过桥，然后把猫抱过桥，同时带回鸡，抱鸡放在原地，把米袋扛过桥，最后再把鸡抱过桥。

海上封锁

海上封锁是用武力从海上对敌方海岸、航道和港口进行有效的封锁，从而阻断敌方与外界一切海上往来的军事行动。海上封锁按开战界限可分为平时封锁与战时封锁；按照封锁的效果还可分为实效封锁与纸上封锁。为了使封锁具有拘束力，必须是有效的封锁，即由一支足以真正阻止进入敌国海岸的武力所维持的封锁。海上封锁的主要武器有潜艇、水面舰艇、战斗机、水雷、精确制导武器等。要取得海上封锁的成功，必须在局部海域夺取制信息权、制空权及制海权。

肚皮笑笑破

第二次世界大战期间，德国一名高级军官曾问一名瑞士军官：“你们有多少人可以作战？”

“50 万吧。”

“如果我派 100 万大军进入你们的国境，你们怎么办？”

“那我们只好每人打两枪。”

特种战

特种战是由特殊编组、训练及装备的军事和准军事部队，运用一些特殊的手段，来达到特殊的军事、政治、经济或心理目标的行动。特种战的形式也是五花八门，受政治、军事因素的制约在具有显著的高技术战争特征的海湾战争中，美军为了支持“沙漠盾牌”和“沙漠风暴”行动，实施了特种作战部队

有史以来最大规模的一次部署。战争中，特种作战部队不仅执行特种侦察、搜索与救援、实施心理战等任务，还直接承担了正面作战任务，实施突击、伏击等攻击行动，在整个战争过程中出尽了风头。

我来考考你

1. 最先成立空军的国家是（　　）。
A. 美国　B. 英国　C. 法国　D. 德国
2. 登陆战的基本特点是什么？

第七章 传奇的军事人物

在人类几千年的文明史上，涌现过无数英勇善战、足智多谋、战功赫赫的名将和运筹帷幄、决胜千里、知人善任的统帅。他们统率千军万马，驰骋疆场，南征北战，导演了一幕幕惊天动地的战争史诗。下面就让我们一起去领略一下他们的英雄风采吧。

中国古代著名军事家

在中国数千年的文明史中，战争连绵不断，产生了许许多多智谋和胆略超人的军事统帅和将领。比如，项羽和刘邦同样起兵反对秦王朝，但知人善任的刘邦战胜了刚愎自用的项羽。正是这些出类拔萃的统帅和战将们用超人的智谋和胆略，导演出一幕幕充满智慧的战争史诗，同时也留下了极为丰富的军事著作，为中国乃至世界军事史增添了无尽的光彩。

示儿

（宋）陆游

死去元知万事空，但悲不见九州同。
王师北定中原日，家祭无忘告乃翁。

孙武

孙武是春秋末期吴国将军，中国古代军事学家，中国古代军事学的奠基人。他的著作《孙子兵法》总结了春秋末期及其以前的战争经验，在中国和世界军事史上，最早比较系统地涉及战争全局问题，首次揭示了“知彼知己，百战不殆”这一指导战争的原则，总结了若干至今仍有科学价值的作战指导原则，是不朽的军事名著，被誉为“世界第一兵书”。

廉颇

廉颇是战国后期赵国名将。廉颇作战勇猛，用兵持重，多次率军击败齐、魏等国。在秦、赵长平之战中，廉颇为赵军主将，阻止了秦军进攻。赵孝成王十五年（公元前 1101 年），廉颇率军击败攻赵的燕军，受封信平君。在这以后廉颇不得志。后赵国屡遭秦军攻击，再用廉颇为将抗秦。廉颇亦急欲归国效力，因权臣作梗，未能如愿，后来忧郁而亡。

A：It' s your fault. Me？
B：I' m innocent！
A：是你的错。
B：是我？真冤枉呀！

蒙恬

蒙恬是秦代将领。蒙恬曾受命率军 30 万北击匈奴，次年收复河南地。他吸取战国时期据险御敌的经验，连接燕、赵、秦 5000 余里旧长城，并修筑北起九原、南至云阳的直道，构成了秦朝北方漫长的防御线。胡亥继位后，蒙恬为权奸赵高诬陷，被迫自杀。

项羽

项羽是秦末反秦领袖，秦亡后自封西楚霸王。公元前 209 年，项羽与项梁在吴中举兵反秦。经多次激战，楚兵大破秦军，成为当时反秦武装的主力。项羽入关后，企图消灭刘邦，独霸天下，从而爆发了历时 4 年多的楚汉战争。后来，楚军被围困于垓下，项羽突围到东城，随从只剩下 28 骑。汉将领兵追赶，项羽引兵东向，到乌江自刎而死。

题目：请你判断，人体的汗和尿都是没有用的废物，都应该排出体外，但都可以在体内贮存一段时间。

答案：错，人尿可以贮存在膀胱中，汗不可以贮存。

韩信

韩信是汉初军事家。经丞相萧何大力推荐，韩信做了汉军大将，协助刘邦制定了“还定三秦以夺天下”的方略。韩信熟谙兵法，战功卓著，为汉王朝的创建做出了重要贡献。吕后知道刘邦疑忌韩信，就与萧何设计，诱骗韩信到长乐宫，以谋反罪名将他杀害。韩信著有兵书三篇，但可惜早已失传。

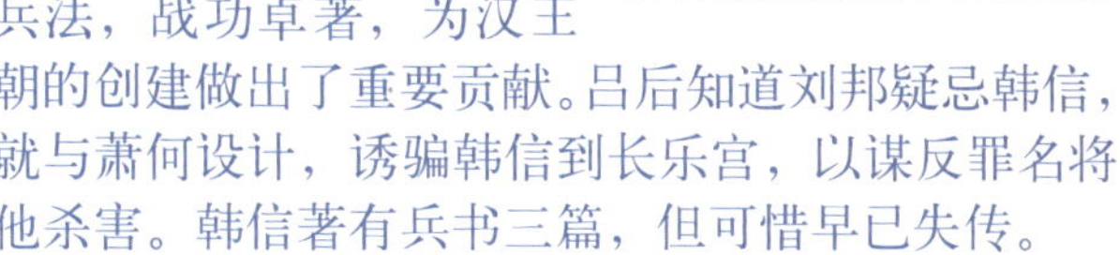

卫青

卫青是汉武帝时期抗击匈奴的主要将领。他作战英勇，屡立战功，所得封邑总共有16300户。虽然战功显赫，权倾朝野，但从不结党干预政事。他和霍去病不同，对士卒较为体恤，能与将士同甘苦，威信很高。

将军到某征兵站询问:“今天的报名情况如何?”

站长回答:“报告长官，昨天和前天都有一个人来报名，今天的报名人数比昨天和前天稍稍下降一点!”

曹操

曹操，是东汉末年的政治家、军事家和文学家。192年，曹操率兵打败黄巾军30余万。在随后几年又陆续打败袁术、攻破陶谦、平定张邈、消灭吕布，逐渐壮大成一支与袁绍相对抗的力量。在官渡之战中，曹操以少胜多，打败袁绍10万大军。建安十二年(公元207年)，又消灭乌桓势力，基本统一北方。建安十三年，在赤壁之战中败于孙权、刘备联军，退回北方。他精通《孙子兵法》，著有兵书10万余字。

诸葛亮

诸葛亮，字孔明，是三国时期蜀国的大臣，政治家。起初，诸葛亮隐居南阳隆中。刘备听说他智慧超群，便三顾草庐，请他出山。曹操南征，诸葛亮说服孙权联手抗曹，取得赤壁之战的胜利。后来刘备称帝，诸葛亮任丞相，总理军政。刘备病亡后，诸葛亮以丞相辅政，又领益州牧，封武乡侯。在祁山与魏军进行了7年的战争，终因积劳成疾，死于军中。

周瑜

周瑜，字公瑾，是三国形成时期东吴的军事家。周瑜早年助孙策占据江东，为开拓东吴疆域建立了赫赫战功。孙策死后，周瑜辅佐孙权。建安十三年秋，曹操率军80万南征，并下书逼迫孙权投降。周瑜自请为将，与刘备联军，大败曹军于赤壁，奠定了三分天下的基础。周瑜文武兼备，有雄才大略，赤壁战后积极筹划进图中原。建安十五年(公元210年)，大事未竟，死于巴丘。

岳飞

岳飞，字鹏举，是中国南宋爱国军事家。1129 年，金将完颜宗弼渡江南进，岳飞率兵袭扰金军，多次获胜，并收复建康。岳飞乘金朝废黜刘豫之机，提出举兵收复中原的主张，后多次上书反对与金议和，均遭高宗和宰相秦桧拒绝。后来，完颜宗弼毁约南进。岳飞自率主力北上，大破金军精骑，击败金军主力。正当岳飞行将渡河时，高宗、秦桧却向金乞和，诏令各路宋军回师，致使岳飞恢复中原的计划功败垂成。次年，岳飞回到临安，被解除兵权，改任枢密副使。绍兴十一年（公元 1141 年）农历十二月二十九日，岳飞被高宗、秦桧以“莫须有”的罪名杀害。

戚继光

戚继光是明代军事家，抗倭将领。1562 年，倭寇大举侵犯福建，戚继光率军捣毁倭寇在横屿的老巢，取得首战胜利。随后连续发动攻势，扫平倭寇据点多处，杀伤倭寇无数，击退了倭寇的进袭。1563 年，倭寇又纠集残部，掳掠边城，戚继光再援福建，平定了闽、粤沿海的倭患。1567 年，戚继光被张居正调到北方，镇守蓟州。后又被派到广东镇守。1585 年，戚继光因病告退，两年后去世。

我来考考你

1. 被誉为“世界第一兵书”的是（　　）。
2. 被称为“西楚霸王”的是（　　）。

A. 卫青　　B. 项羽　　C. 韩信　　D. 曹操

夏日绝句

（宋）李清照

生当作人杰，死亦为鬼雄。
至今思项羽，不肯过江东。

中国现代著名军事家

在中国现代战争中涌现出了多位文韬武略、运筹帷幄的统帅，更有许多身经百战、战功卓著的高级将领，为了战胜来自国内外的敌人，为了中华民族的独立和中国人民的解放，为了新中国的诞生，建立了不可磨灭的历史功勋。

朱德

朱德（1886 ~ 1976），中国人民解放军的主要创始人和领导者，军事家，中华人民共和国元帅。1922 年加入中国共产党，组织了南昌起义。红军时期，历任军长、总司令等职。抗日战争时期，任八路军总司令。解放战争时期，任人民解放军总司令，协助毛泽东指挥了全国解放战争。新中国成立后，任国防委员会副主席、全国人大常委会委员长等职。朱德革命一生，功勋卓著，位高至极，但他谦虚谨慎，勤勤恳恳，朴实无华，忠厚仁慈，给世人留下了质朴而崇高的元帅形象。

彭德怀

彭德怀（1898 ~ 1974），中国人民解放军的创始人和领导者，军事家，中华人民共和国元帅。1922 年考入湖南陆军军官讲武学堂，参加过北伐战争，后升任团长。1928 年 4 月参加共产党，组织了平江起义，率部上了井冈山。担任红军革命军事委员会副主席。参加了历次反“围剿”。抗战爆发后，任八路军副总指挥。解放战争中，任第一野战军司令员兼政委。新中国成立后，任中央军委副主席、国防部长。抗美援朝战争中，任志愿军司令员兼政委。1955 年被授元帅军衔。彭德怀为中国革命以及国家和军队的建设贡献了毕生的精力。

洋话天天说

A:Don’t lie! I saw you do it.

B:I didn’t do it.

A：别撒谎，我看见你干的。

B：我没干。

林彪

林彪（1907 ~ 1971），著名军事家，共和国元帅。1925 年参加中国共产党。参加了南昌起义。在井冈山时期，先后任营长、团长、军长、军团长等职。参加了红军长征。抗日战争时期，任八路军一一五师师长。解放战争时期，任东北野战军司令员等职，指挥了辽沈、平津等重大战役。新中国成立后，历任国防委员会副主席、国防部长、中央军委副主席等职。他在“文化大革命”中组成反党集团，阴谋篡夺党和国家的最高权力。

刘伯承

刘伯承（1892 ~ 1986），中国人民解放军创始人和领导人，军事家，中华人民共和国元帅。1911 年参加辛亥革命，入学生军，参加了护国、

题目：在一个脸盆中放半盆水，在水面上放一个苹果，让苹果停在水的中心位置，静止后，用水壶向盆中倒水，请你判断苹果漂向哪个方向？

答案：苹果会向壶的方向靠拢，因为水流速大的地方压力小，所以其他地方的水把苹果向水流速大的地方推。

护法战争。加入中国共产党后，组织过泸顺起义、南昌起义，先后任过中央红军总参谋长、八路军一二九师师长、第二野战军司令员、军事学院院长、中央军委副主席等职。他对中国革命军队的建立和壮大，对革命战争的胜利和新中国的成立，对我军向正规化、现代化的迈进都做出了不朽的贡献。

贺龙

贺龙(1896～1969)，中国人民解放军创始人，军事家，中华人民共和国元帅。1916年起义参加护国战争。在北伐战争中任国民革命军第二十军军长。南昌起义总指挥。1927年9月加入中国共产党。湘鄂边区根据地的创始人。率部参加了长征。抗战时期，先后任120师师长、晋西北军区司令员。解放战争时期，任晋绥军区、晋绥野战军司令及西北军区司令等职。新中国成立后，任西南军区司令员。指挥部队解放昌都，促进了西藏的和平解放。

陈毅

陈毅（1901～1972），中国人民解放军的创始人和领导人，军事家，中华人民共和国元帅。1923年加入中国共产党，1927年参加南昌起义。参加了井冈山革命根据地的建设。红军长征后，留在赣粤边区领导游击战争。抗日战争时期，重新组建新四军，建立起苏皖根据地。解放战争时期，率领华东野战军抗击国民党50万正规军。指挥了著名的孟良崮战役。参与组织指挥了淮海战役、渡江战役。新中国成立后，先后任国务院副总理、外交部长、军委副主席等职。

罗荣桓

罗荣桓（1902～1963），中国人民解放军创始人和领导者，军事家，中华人民共和国元帅。1927年加入中国共产党，参加秋收起义。上过井冈山，经历长征。到延安后，任军委后方政治部主任。抗日战争中，先在晋冀边区建立抗日根据地，后建立了山东抗日根据地。抗战胜利后，率军创建东北革命根据地，参与指挥了辽沈战役。1949年1月任第四野战军政委，参与指挥了平津战役。建国后，两任总政治部主任。为我军的政治工作建设献出了毕生的精力。

徐向前

徐向前（1901 ~ 1990），中国人民解放军的创始人和领导者，军事家，中华人民共和国元帅。黄埔军校第一期毕业生。参加了北伐，1927 年 3 月加入中国共产党。参加了广州起义。1929 年受命开创鄂豫边区根据地。1932 年底开创川陕根据地。第一、四方面军会师后，任红军前敌总指挥。抗日战争中任八路军第 129 师副师长、八路军第一纵队司令员。解放战争时期，任华北军区副司令员。新中国成立后，曾先后出任过总参谋长、国防部长等职。

聂荣臻

聂荣臻（1899 ~ 1992），中国人民解放军的创始人和领导者，军事家，共和国元帅。1923 年加入中国共产党，1925 年任黄埔军校教官。参加领导南昌起义和广州起义。率部参加了长征。抗日战争中任八路军 115 师副师长、政委，晋察冀军区司令员兼政委。创建我党敌后第一个抗日根据地。解放战争中，任华北军区司令员、解放军副总参谋长、平津卫戍区司令员等职。新中国成立后，先后任国务院副总理、国防科委主任、军委副主席等职。在数十年的军旅生涯中为中国革命战争及军队的正规化、现代化建设和国防端技术的发展做出了卓越的贡献。

叶剑英

叶剑英（1897 ~ 1986），中国人民解放军的创始人和领导人，军事家，中华人民共和国元帅。早年追随孙中山投身资产阶级革命，蒋介石叛变革命后，通电反蒋，不久即加入中国共产党。组织了广州起义，参加了中央苏区的军事斗争。长征途中，与张国焘的分裂主义进行坚决斗争。抗日战争中，任八路军参谋长。解放战争中，任解放军参谋长。建国后任华南军区司令员、监察部部长、军委副主席兼秘书长、国防部长、中央政治局常委、全国人大常委会委员长等职。

我来考考你

1. 抗美援朝时中国人民志愿军总司令是（　　）。

A. 朱德　　B. 彭德怀　　C. 林彪　　D. 贺龙

2. 创建我党第一个抗日根据地的是（　　）。

A. 叶剑英　　B. 罗荣桓　　C. 聂荣臻　　D. 徐向前

诗词贝贝乐

题西林壁

（宋）苏轼

横看成岭侧成峰，远近高低各不同。
不识庐山真面目，只缘身在此山中。

外国古代、近代军事家

在外国几千年的军事战争史上，发生过无数次的战争，在这些战争中涌现出以亚历山大、华盛顿、拿破仑等为代表的杰出的统兵将帅。他们运用战略战术创造了无数经典的战役，为世界军事史增添了无尽的光彩。

汉穆拉比

汉穆拉比是巴比伦第一王朝的第六代国王。他继承先王的遗志，为取得幼发拉底河河水的使用权而继续奋斗。首先，他统一了美索不达米亚地区，颁布了《汉穆拉比法典》；公元前 1763 年，他对拉尔萨王里姆辛发动战争并取得了成功；两年后，汉穆拉比又对马里国国王发动战争；前 1757 年，他第三次挥兵东进，只是这时他已身患重病，在把政权交给了儿子萨姆苏伊鲁纳后不久就去世了。

亚历山大

亚历山大是马其顿王国国王，军事统帅。他从小就醉心于兵法，跟随父亲学习战略战术。在随父征服希腊时，年轻的亚历山大指挥马其顿军的左翼，全歼著名的底比斯神圣军团。公元前 336 年继承王位，他迅速控制了国内政局，平定了骚乱的北方，镇压了希腊城邦的起义。公元前 334 年，率兵发动侵略亚洲和非洲的远征，历时 10 年。公元前 323 年 6 月染病死于巴比伦。

洋话天天说

A：I don't know what to do.
B：Don't worry, I'll help you.
A：该怎么办呢？
B：别担心，我来帮你。

恺撒

恺撒是古罗马政治家、军事家。公元前 74 年，小亚细亚的本都国王对罗马发动战争，恺撒征募军队前往迎战。得胜还师罗马后与庞培共同废除苏拉的宪法。公元前 60 年，与庞培、克拉苏·迪弗斯秘密结盟，史称“前三头同盟”。公元前 53 年，恺撒与庞培及元老院的矛盾不断激化，终于导致内战。在内战之后，恺撒成为名副其实的军事独裁者。他的独裁统治引起共和派的严重不满。公元前 44 年 3 月 15 日，恺撒被阴谋分子刺杀于元老院大厅。

屋大维

屋大维是罗马帝国的第一位皇帝。公元前 44 年被恺撒收为养子，恺撒遇刺后屋大维赶回罗马，取得了元老院的支持，公元前 43 年任执政官，与安东尼、李必达结成“后三头同盟”。公元前 36 年，剥夺李必达的军权，罗马世界由安东尼和屋大维平分，屋大维成为意大利和西方的最高领袖。公元前 31 年，在亚克兴海战中击败安东尼。第二年，屋大维再次击败安东尼，安东尼自杀，从此，屋大维成为罗马真正的王者。公元前 28 年，屋大维任元首。

克伦威尔

克伦威尔是英国资产阶级革命时期的主要领导人，独立派领袖。1642 年内战开始后，克伦威尔筹建一支 60 人的骑兵队参加了埃奇丘陵之战。1644 年 7 月 2 日，克伦威尔指挥骑兵队在马斯顿荒原战役中击败了王党军。1645 年 6 月，在纳斯比战役中，率领新模范军歼灭了王党军主力。1648 年春，第二次内战爆发，重新联合起来的议会军很快击败王党，判处国王死刑。1653 年 12 月，克伦威尔就任护国公，从此独揽大权。

题目：你伸过懒腰吗？一般人在工作久了以后，或是刚刚醒来，总愿意伸一下懒腰，这样会觉得轻松一些，这是什么道理呢？

答案：伸懒腰可以促进血液循环，血液中有新鲜的氧气，氧气进入大脑多一些，显得很舒服。

彼得一世

彼得一世是俄国沙皇，又称“彼得大帝”。1682 年，彼得和兄弟伊凡五世并立为沙皇。1696 年，伊凡病逝，彼得成为唯一君主。他两次率军进攻土耳其，占领亚速。1700 年 8 月，彼得向瑞典宣战，进攻纳尔瓦，开始了长达 21 年之久的北方战争。彼得一世亲自指挥作战，最终获得胜利。1721 年，参政院尊彼得为“皇帝”和“祖国之父”。从此，俄国改称“俄罗斯帝国”。

华盛顿

华盛顿是美国首任总统，北美独立战争中的陆军总司令。1775 年北美独立战争爆发后，华盛顿就任陆军总司令，组建革命武装，在敌强我弱的条件下，坚持战斗。后来他通过特伦顿、普林斯顿和约克镇等战役，击败英军，取得了北美独立战争的胜利。1799 年死于喉炎。

一个军人想找个借口离开军队。于是他找到军医，说："真糟糕，我的视力越来越差了，有什么办法吗？"

医生给他看了一会儿，说："你能证明你的视力不好吗？"

此人环顾一下四周，指着远处墙上的一颗钉子说："医生，你能看见墙上的那个钉子吗？"

"能看到。"医生回答。

"可我看不见。"此人说。

威灵顿

威灵顿是英国统帅、公爵。1814 年，法国波旁王朝复辟后，他任英国驻巴黎大使。1815 年指挥英荷联军对法作战，在滑铁卢会战中抗击了法军优势兵力的进攻，最后在普军的配合下击败拿破仑一世，进军巴黎，统率盟国的驻法占领军。1828 年后历任首相、外交大臣和不管部大臣，并长期任陆军总司令。曾反对"改革法案"，镇压 1848 年宪章运动。威灵顿对于建设具有较高战斗力的英国陆军做出了贡献。

拿破仑

拿破仑是法国政治家、军事家。法兰西第一共和国第一执政官、法兰西第一帝国皇帝就是拿破仑 · 波拿巴。1804 年 11 月 6 日，公民投票通过共和十二年宪法，法兰西共和国改为法兰西帝国，拿破仑 · 波拿巴为法兰西人的皇帝，称拿破仑一世。后来联军攻陷巴黎，拿破仑退位，被放逐到地中海的厄尔巴岛，仍保留皇帝称号。1815 年重返巴黎，再次登上帝位，开始百日统治。同年 6 月 18 日在滑铁卢战败，被囚禁在大西洋圣赫勒拿岛。1821 年 5 月 5 日在该岛病逝。

圣马丁

圣马丁是阿根廷民族英雄，南美南部独立战争领导人。1808 年以后，在西班牙抗击拿破仑侵略的民族战争中，圣马丁屡建功勋，被晋升为少校。圣马丁主张穿越安第斯山，首先解放智利，然后联合智利爱国军从海路去解放秘鲁。为此，他辞去北方军司令职务，用 2 年多的时间，精心训练了一支约有 5000 人的安第斯军。1817 年 1 月，圣马丁率安第斯军翻越安第斯山，向智利进军。1818 年 2 月 12 日，智利宣告独立。同年 4 月 5 日，在迈普战役中他率军击败了西班牙殖民军。1824 年 4 月 20 日到达法国隐居。

我来考考你

1. 古罗马被称为“前三巨头”的是（ ）、（ ）、（ ）。
2. 美国首任总统是（ ）。

二战时期的著名军事将领

第二次世界大战是人类历史上规模空前的全球性大战，61 个国家和地区的 20 多亿人口被卷入这场战争。参战兵力超过 1 亿人，大约 9000 万士兵和平民伤亡，3000 万人流离失所。回首二战，那一幅幅残酷而血腥、雄伟而悲壮的历史画面，永远震撼着人们的心灵，令人难以忘怀。二战中也涌现了许多对战争起决定作用的政治家、军事家和战略家，他们运用智慧创造的经典战例同样令人敬佩。

惠崇春江晚景

（宋）苏轼

竹外桃花三两枝，
春江水暖鸭先知。
蒌蒿满地芦芽短，
正是河豚欲上时。

隆美尔

隆美尔是纳粹德国陆军元帅，1910 年开始服役，1935 年任波茨坦军事学校教官，1939 年任希特勒大本营卫队长，1941 年任驻北非德国远征军司令。指挥德军在北非击退英军，逼近亚历山大和苏伊士。他指挥的装甲部队行动迅速、机动，善于迅速突破对方战线，被称为“沙漠之狐”。1942 年 11 月在阿拉曼战役中被击败。1943 年 12 月～1944 年 7 月任驻法国陆军 B 集团军群司令，指挥抵抗诺曼底登陆战役。后受希特勒被刺事件牵连，被迫自杀。

古德里安

古德里安是纳粹德国陆军一级上将，纳粹德国“装甲兵之父”，德国“闪击战”创始人。1914 年，古德里安毕业于军事学院。1934 年倡议组建坦克师。1938 年指挥坦克部队占领维也纳，奠定了他在德国坦克兵中的首创地位。1939 年，他指挥坦克部队采用猛打猛冲的闪电战术，击败了波兰，成为远近闻名的“闪击”英雄。苏德战争爆发后，古德里安连续进行了明斯克战役、斯摩棱斯克战役、基辅会战和维亚兹马会战，但是都以失败告终。特别是在库尔斯克坦克大会战中，德军又遭到惨败。1945 年 3 月，他因为主张停战而被停职。至此他所创造的德国闪击战术终于彻底破产。

洋话天天说

A：It's really a difficult problem.

B：What should we do？

A：这真是个难题。

B：我们该怎么办？

思维对对碰

题目：请你判断，大树的叶子如果很多的话，根部吸水就会很少。

答案：错，两者没有关系。

蒙哥马利

蒙哥马利是英国陆军元帅，军事家。第二次世界大战爆发后，蒙哥马利率第三师随同英国远征军横跨英吉利海峡，进入法国。1942 年 7 月，北非沙漠中的英国第 8 集团军被“沙漠之狐”隆美尔的德国非洲军团击败。在英军濒临崩溃之际，蒙哥马利被任命为第 8 集团军司令，与隆美尔对阵。他临危受命后，经过一段时间准备，于 10 ~ 11 月间向德军发动了阿拉曼战役，一举击溃隆美尔非洲军团，扭转了北非战局。随后，他又挥师乘胜追击，协同美军将德、意军队围歼于突尼斯。他由此声誉大振，被人们称为捕捉“沙漠之狐”的猎手。

艾森豪威尔

艾森豪威尔是美国第 34 任总统，陆军五星上将。因工作成绩优异，得到陆军参谋长马歇尔的赏识。1941 年 9 月晋升准将。1942 年 6 月被罗斯福选任为欧洲战区美军司令。从当年 11 月起，先后担任北非和地中海盟军总司令，指挥盟军相继在北非、西西里岛和意大利本土登陆，很快结束了北非战事，并迫使意大利投降和对德宣战。1943 年 12 月，艾森豪威尔受命担任盟国欧洲远征军最高司令。1944 年 6 月指挥盟军实施了历史上规模最大的诺曼底登陆战役，随后又将德军驱逐出法、比、荷境，并直捣德国腹地。同年 12 月晋升为陆军五星上将。德国投降后，艾森豪威尔出任美国驻德国占领军总司令。

朱可夫

朱可夫，苏联元帅，军事家。1939 年夏调任外蒙（今蒙古国）苏军第一集团军集群司令，指挥苏蒙军在诺门坎地区粉碎了日军的武装进犯。苏德战争期间，朱可夫曾活跃在各个重要的战场上，出色地组织和指挥了许多有声有色的重大战役。哪里情况紧张，战事危急，哪里就会出现他的身影。他不但为打败德

第二次世界大战结束后，两个退伍的通信兵决定去一家公司求职。录用前，必须经过一场严格的考试。于是他们约定，互相通报重要答案，方法是用铅笔“嘀嘀答答”地敲桌子，神不知鬼不觉。考试开始了，正当他们“嘀嘀答答”地作弊时，没想到监考老师也敲起桌子来。那一串“嘀嘀答答”的声音，使他俩听到这样一句话：“咱们原是一支部队的，你俩玩的这套把戏该收场了。”

国法西斯的侵略做出了重大贡献，而且其卓越的指挥艺术也为苏联军事学的发展起了巨大的促进作用。因此，他成了第二次世界大战中显赫一时的“传奇元帅”，曾4次荣膺“苏联英雄”称号，获得列宁勋章6枚。

巴顿

1943年7月9日，盟军发起西西里岛登陆战役，巴顿率美第七集团军攻取巴勒莫，抢在蒙哥马利之前拿下了墨西拿城。同年6月6日，诺曼底登陆战打响，巴顿的第三集团军作为第二梯队登陆。1944年12月，巴顿率第三集团军在阿登地区击退德军的大反扑，解救了被围的盟军部队。次年3月，巴顿再次抢在蒙哥马利之前渡过了莱茵河。在9个月的推进过程中，巴顿部队歼敌140余万，取得了惊人的战果。艾森豪威尔说：“在巴顿面前，没有不可克服的困难和不可逾越的障碍，他简直就像古代神话中的大力神……”

尼米兹

美国海军五星上将尼米兹是一个一生注定献身海军的美国男人。他临危受命，成为美国太平洋舰队总司令兼太平洋战区最高司令。他具备成就大业者的一切素质，凭借高超的斗争艺术，不仅扭转了战争初期的不利局面，而且把战争逐步引向于己有利的态势，直至最终击败日军。正是永不言败的尼米兹，挽救了太平洋战场美国海军的命运，也挽救了美国的命运。

我来考考你

1. 二战时被称为“沙漠之狐”的是（　　）。
A. 古德里安　B. 隆美尔　C. 蒙哥马利　D. 朱可夫
2.（　　）指挥了盟军实施了历史上规模最大的诺曼底登陆战役。
A. 巴顿　B. 尼米兹　C. 艾森豪威尔　D. 蒙哥马利

第八章 著名的军史战例

同学们，在漫长的历史长河中，曾经发生了无数的战争。有的战争长达数百年，有的只有几个小时；有的战争遍及世界，有的只发生在一个很小的局部地区。但是，无论战争的规模或大或小，持续时间或短或长，最后都只有一个结论：战争是残酷的。到 20 世纪 80 年代，在人类社会有文字记载的 3500 多年的时间里，世界上共发生过 14531 次战争。此起彼伏的战争，对政权的更替、社会的变迁，乃至人类文明的发展和历史的演进都产生着不同程度的影响。现在，就让我们回到那烽火连天的战争岁月吧！

饮湖上初晴后雨

（宋）苏轼

水光潋滟晴方好，山色空濛雨亦奇。
欲把西湖比西子，淡妆浓抹总相宜。

中国古代著名战役

在几千年的古代文明进程中，中国发生了无数次的战争，其中包括原始部落之间的战争、封建王朝的统一战争、农民起义战争、反侵略战争，以及掠夺和反掠夺、压迫和反压迫的战争等等。这些战争给人民带来了无尽的灾难，但同时也为后人留下了非常宝贵的军事遗产。

涿鹿之战

涿鹿之战发生在 4600 年前，黄帝部族联合炎帝部族，与蚩尤部族进行了一场大战。蚩尤部族凭借人多势众、武器优良等条件主动发起攻击。在初战阶段，适合于晴朗气候环境作战的黄帝部族曾经九战而九败。后来黄帝部族以指南车指示方向，驱众向蚩尤部族进攻，终于一举击败敌人，并擒杀了首领蚩尤。

即墨之战

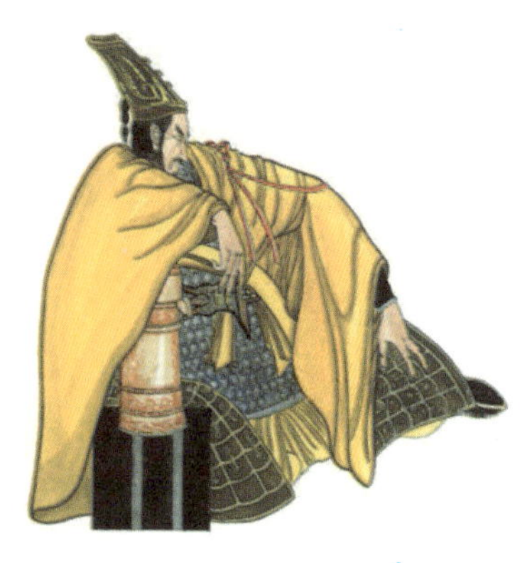

公元前 283 年，燕国大将乐毅集中大军攻打即墨。即墨军民在守将战死之后，共推田单为将，坚守抗燕。燕军围攻莒和即墨 3 年没有成功。前 279 年，乐毅被撤换，燕军将士军心涣散。田单收集了 1000 余头牛，在牛角扎上锋利的尖刀，身披五彩龙纹的外衣，牛尾绑上浸透油脂的芦苇，点燃牛尾上的芦苇，驱赶 1000 多头火牛向燕营猛冲，5000 勇士随后杀出，燕军将士死伤无数，围攻即墨的燕军主力彻底溃败。田单奇袭获胜后，立即大举反攻，最终一举击败燕军，将燕军逐出国境，收复了沦陷的 70 余城池。

长平之战

公元前 262 年，秦国派兵攻赵。经验丰富的赵国老将廉颇驻守长平，筑垒固守。赵王急于求战，不满意廉颇凭借险要地势固守来疲惫秦军的战略，中了秦的反间计，起用赵括代替廉颇率兵大举进攻。秦将白起佯败后退，诱敌追击，到预定地点后，用伏兵把赵军分割包围。赵军被困 46 天，弹尽粮绝，突围失败。赵括被秦军射死，40 多万赵军全部投降，除 240 个年幼的兵卒回赵国报信外，其余都被活埋。

巨鹿之战

公元前 207 年，秦将章邯在消灭项梁之后，率秦军北上渡河，攻打赵国。楚怀王任命项羽为主帅，率兵救赵。项羽亲自率军渡河，并下令将炊具打破，将船只凿沉，每人只带三天的干粮，以表明拼死一战的决心（成语“破釜沉舟”的由来）。项羽军队十分勇猛，九战九捷，以少胜多，破坏了秦军通道，大败秦军。

ABC 洋话天天说

A：Which one？
B：Anyone will do.
A：哪个？
B：哪个都行。

垓下之战

汉王五年（公元前 202 年）十二月，韩信指挥 30 余万人，全力追击楚军，在垓下将 10 万楚军团团围住。韩信命各路军分作十队，在四面埋伏，连环接应。韩信出阵挑战，项羽几次突围冲杀均被伏兵截击而回，人数越来越少。项羽率领 800 子弟兵突围，被汉军追至乌江，自刎身亡。楚汉战争以刘邦全胜而告终。次年二月，刘邦称帝，建立汉朝，中国重新统一。

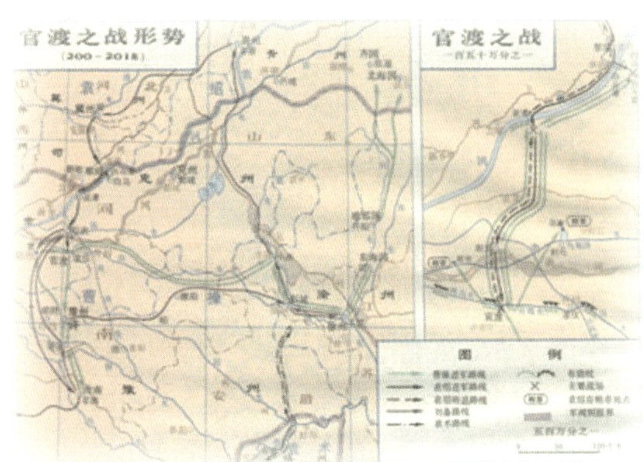

官渡之战

东汉末年，袁绍、曹操两军相峙在官渡。曹操采用声东击西、各个击破的战术，突袭袁军，杀了袁绍的大将颜良、文丑。袁绍自恃兵多粮足，定要同曹操决一死战。谋士许攸献计分兵偷袭，袁绍不听。

许攸献计不被采纳，又遭到袁绍的排斥，就投奔了曹操，向曹操献计偷袭袁绍屯集军粮的乌巢。曹操率 5000 人马，伪装成袁军，偷袭乌巢，把袁绍的军粮全部烧毁。袁军听说军粮被烧，顿时大乱，曹军乘势出击，大败袁军，歼灭袁军 7 万多人，袁绍仅带 800 余骑逃脱。曹操在此战中消灭了袁军主力，奠定了统一北方的基础。

思维对对碰

题目：请你判断烟囱中冒出的黑烟比白烟污染更严重。

答案：错，有些有害气体是无色或浅色的，如一氧化碳、二氧化碳、二氧化硫等。

赤壁之战

208 年，曹操率兵攻打东吴，与孙吴联军隔江对峙。曹操下令将战船用铁链相连，减弱了风浪颠簸。部将黄盖针对曹军“连环船”的弱点，建议火攻，派人送伪降书给曹操，随后带船数十艘出发，前面十艘满载浸油的干柴草，以布遮掩，插上与曹操约定的旗号，顺着东南风驶向曹军水寨。接近对岸时，黄盖下令点燃柴草，各自换乘小艇退走。火船顺风闯入曹军船阵，曹军连环船顿时一片火海，伤亡惨重。曹操走近道逃往江陵。

肚皮笑笑破

驻扎非洲沙漠的法国士兵接到上级的悬赏令：捉住一个阿拉伯游击队员，可得黄金 100 两。米歇尔和尤里开始在沙漠里搜索猎物。几天劳顿下来，两人精疲力竭地进入了梦乡。

当米歇尔醒来时，发现他们被 100 多个持枪的阿拉伯人游击队员包围了。

米歇尔急忙推醒尤里说：“快起来，我们发大财了！”

淝水之战

376 年，前秦统一北方后，苻坚不顾群臣反对，下诏大举攻晋。两军对阵于淝水两岸。东晋的主师谢玄派人前往秦营中，要求秦兵向后移动，让晋兵过河再决战。苻坚打算趁晋兵渡河之机，以铁骑出击打垮晋军，便同意晋军要求。但秦军不愿再战，

听到命令后，一退不可收拾。晋军乘势攻击，大获全胜。苻坚本人也中箭负伤，单枪匹马逃回洛阳。这一战使前秦政权彻底瓦解，北方陷入混战局面。

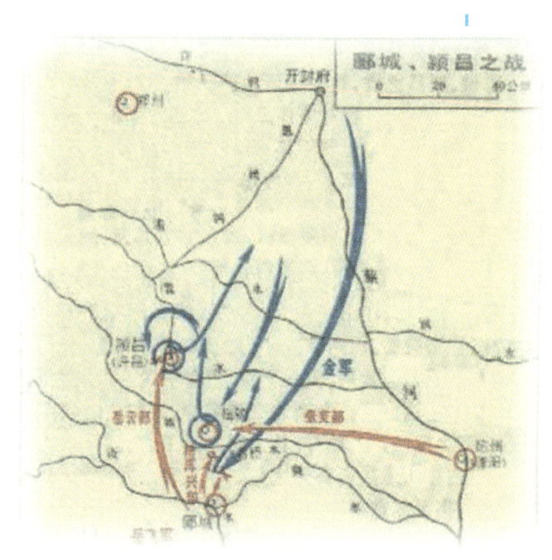

郾城之战

南宋绍兴十年（公元 1140 年），金国大将兀术亲率精锐骑兵 15000 人向郾城发动进攻。南宋大将岳飞命令他的儿子岳云率轻骑攻入敌阵，打乱金军的阵势。金军出动重甲骑兵“铁浮图”作正面进攻，另以骑兵为左右翼，号称“拐子马”配合作战。岳飞派步兵持麻扎刀、大斧等，上砍敌兵，下砍马足，杀伤大量金兵，使其重甲骑兵不能发挥所长。双方从下午激战到天黑，金军大败。此战杀了金军 5000 多人，金军统帅兀术率领残兵败将溃逃。

山海关之战

1644 年，明朝命辽东总兵吴三桂放弃宁远，率边兵入关守卫北京。李自成亲率大军经密云、永平，东攻山海关，吴三桂又惧又恨，向清朝请求援助。清廷立即应允。几万清军星夜赶赴山海关。吴三桂称臣迎降。清军两翼铁骑同时驰入，李自成战败，退回北京。山海关之战为清朝长驱直入北京并建立对全国的统治扫清了道路。

我来考考你

1. 成语“破釜沉舟”来自哪个战役？（　　）

A. 巨鹿之战 B. 官渡之战 C. 淝水之战 D. 山海关之战

2. 同学们，在赤壁之战中，孙吴联军用什么办法打败了曹操？

中国现当代著名战役

在中国现代战争史上，经历了抗日战争、解放战争和抗美援朝战争，这里有许多著名的战役和战斗。现在，同学们就和我一起，去了解这段激情燃烧的岁月！

平型关战役

1937年9月中旬，沿平绥路西进的侵华日军占领大同后，分兵两路向雁门关、平型关一线进攻，企图进逼太原。为了配合友军作战，阻挡日军的攻势，八路军一一五师在师长林彪、副师长聂荣臻指挥下，奉命开抵平型关地区集结待机。9月25日7时许，日军第五师团（板垣师团）第二十一旅后续部队全部进入设伏地域，八路军预伏部队居高临下，迅速向敌发起猛烈攻击，顿时打乱了日军的指挥系统，敌军的车辆自相碰撞，人仰马翻，乱成一团。这时，我军战士勇猛地冲向公路，对敌实行分割围歼，双方展开了短兵相接的白刃肉搏战。经过一天的激战，八路军取得了平型关战役的胜利。八路军在该战役中共击毙日军1000余人，击毁汽车100余辆，马车200余辆，缴获步枪1000余支，机枪20余挺，火炮1门，以及大批军用物资，取得了全国抗战开始以来中国军队的第一个大胜利。

台儿庄战役

台儿庄战役是抗日战争初期中国军队和日本侵略军在山东南部台儿庄（今属山东枣庄）地区进行的一次会战。日本侵略军1937年12月13日和27日相继占领南京、济南后，为了迅速实现灭亡中国的侵略计划，连贯南北战场，决定以南京、济南为基地，从南北两端沿津浦铁路夹击徐州。1938年3月24日，日军濑谷支队向台儿庄发起进攻，与中国守军第二集团军第三十一师展开激战。4月3日，中国军队向日本侵略军发起攻击。在历时半个月的激战中，中国军队付出了巨大牺牲，参战部队4.6万人，伤亡、失踪7500人。在中国军队的英勇抗击下，共歼日军1万余人。此次战役是中国军队取得的一次重大胜利，沉重地打击了日本侵略者的凶焰，鼓舞了全国军民坚持抗战的斗志。

六月二十七日望湖楼醉书

（宋）苏轼

黑云翻墨未遮山，白雨跳珠乱入船。
卷地风来忽吹散，望湖楼下水如天。

A: I lied to him.
B: Shame on you!
A：我对他说谎了。
B：你真不害臊！

百团大战

自1939年冬起，日军以铁路、公路为支柱，对抗日根据地进行频繁“扫荡”，并企图割断太行、晋察冀等战略区的联系，推行所谓“以铁路为柱，公路为链，碉堡为锁”的“囚笼政策”。八路军总部决定发动交通破击战，重点破袭正太铁路和同蒲路北段，给日本华北方面军以有力打击。

题目：用天平称一杯水，平衡时把手指伸进水中，但手指没有碰到杯底，天平会发生什么变化？
答案：天平会向有手指的这边倾斜。

1940年8月20日夜，晋察冀军区、第一二九师、第一二〇师在八路军总部统一指挥下，发动了以破袭正太铁路（石家庄至太原）为重点的战役。战役发起第三天，参战部队已达105个团，故称“百团大战”。百团大战是抗日战争相持阶段八路军在华北地区发动的一次规模最大、持续时间最长的战役。

这次战役经历了两个主动进攻阶段和一个反“扫荡”阶段，历时5个多月，缴获和破坏了大量军用物资。百团大战粉碎了日军的“囚笼政策”，推迟了日军的南进步伐，增强了全国军民取得抗战胜利的信心，提高了中国共产党和八路军的声望。

抗美援朝第一次战役

1950年10月19日晚，中国人民志愿军渡过鸭绿江。志愿军原计划先组织防御，稳定战局。可就在志愿军入朝当天，以美国为首的“联合国军”占领平壤，并分兵多路疯狂地向朝中边境开进。

我军果断改变原定计划，采取在运动中歼敌的方针。至11月5日，战役结束。此役，志愿军共毙伤俘敌1.5万余人。第一次战役我军首战告捷，初步稳定了朝鲜战局，并取得了与美军作战的经验，为尔后作战创造了有利条件。我军利用志愿军入朝参战在战略、战术上的突然性和隐蔽性，采取运动歼敌的方针，争取了战略上的主动权。

肚皮笑笑破

我入伍受训，被派在深夜放哨，为了避免自己打颤，我不断装卸子弹。忽然听到有军官走来查哨，我连忙举枪致敬，谁知步枪走火，连岗亭的玻璃也被打穿了，那位军官只淡淡地说：“你怎么一点常识也没有。举枪敬礼就够了，谁要你鸣枪致敬。”

抗美援朝第二次战役

抗美援朝第一次战役胜利后，志愿军主力全部后撤休整，于 11 月 6 日开始诱敌深入。美军仍认为中国只是象征性出兵，判断入朝志愿军不过几万人。11 月 25 日，志愿军西线部队突然发起反击，并对突围的美军展开了层层阻截和追击，第二次战役结束。这次战役是对美军打击最沉重的一次战役，共歼敌 3.6 万余人。第二次战役把“联合国军”从鸭绿江边打回到“三八线”，从根本上扭转了朝鲜战局。从作战指挥来说，此战胜利的关键在于：首先，我军利用了美军的失误，采取故意示弱、诱敌深入的方针，集中兵力，突然发起强大的反击；其次，抓住美军怕抄后路的弱点，大胆实施战役上的迂回包围和分割包围战术；第三，抓住美军动摇之机，乘胜追击，取得了大大超出战前预计的战果。

上甘岭战役

1952 年 10 月 14 日，美军向上甘岭地区志愿军第十五军防守的阵地发起进攻。战役历时 43 天，经历三个阶段：第一阶段双方围绕两个高地展开激烈争夺；第二阶段阵地为美军占领，志愿军与敌展开坑道战；第三阶段志愿军发起决定性反击，迫敌停止进攻。上甘岭战役中，志愿军共毙伤俘敌 2.5 万余人。上甘岭战役是阵地战阶段打得最激烈的一次战役。志愿军依托坑道，在纵深炮火的支援下，成功地抵抗住有优势兵力、火力之敌的连续猛攻，创造了现代战争史上坚守防御作战的范例。上甘岭战役的胜利，标志着志愿军在整个正面战场完全掌握了主动权。“联合国军”自此以后再也没有发动较大规模的进攻。

我来考考你

1. 全国抗战开始以来中国军队的第一个大胜利是（　　）。
2.（　　）的胜利，标志着志愿军在整个正面战场完全掌握了主动权。“联合国军”自此以后再也没有发动较大规模的进攻。

书湖阴先生壁

（宋）王安石

茅檐长扫净无苔，
花木成畦手自栽。
一水护田将绿绕，
两山排闼送青来。

世界古代、近代的著名战争

战争是改变历史进程的强大杠杆，一个国家、民族或阶级的兴衰存亡往往就取决于一次战争的胜负。一场战争通常是由多次战役组成的，战争的胜负往往是由一两次对战争的趋势或结局具有决定性影响的重大战役所决定的。世界古代与近代发生的战争，如亚历山大东征、美西战争等著名战争历时之长、规模之大、影响之远都是空前的，同时战争中的武器装备、作战方式也在不断改进，对以后的战争都产生了极其重要的影响。

›› 特洛伊战争

特洛伊国王普里阿摩的次子帕里斯访问斯巴达城邦时，和宙斯的女儿、斯巴达国王梅纳雷阿斯的妻子海伦相恋，结果帕里斯将海伦带回特洛伊。为了夺回海伦，海伦的哥哥阿加曼农率领 10 万人的船队开到特洛伊，展开了围困特洛伊城 10 年的大战。此时特洛伊城是由普里阿摩的长子赫克托耳做统帅，由于特洛伊城固若金汤久攻不下，最后希腊人用“木马计”攻下了特洛伊城，抢回了海伦。

A：You' re kidding！
B：No，I' m not.
A：你在开玩笑吧！
B：没有，我是认真的。

›› 亚历山大东征

公元前 334 年初春，亚历山大亲率联盟的远征军开始进行持续 10 年的东征。公元前 330 年夏，亚历山大成为波斯新的统治者。亚历山大继续率军东进抵达希发西斯河时，军中疫病流行，官兵厌战，亚历山大被迫停止东征，返抵巴比伦，东征结束。亚历山大东征行程逾万里，建立了西起巴尔干半岛、尼罗河，东至印度河的庞大帝国。

›› 斯巴达克起义

公元前 73 年，斯巴达克在卡普亚角斗士训练学校密谋暴动，同 70 多名角斗士逃往维苏威山。起义队伍迅速扩大，屡败罗马军，活动范围几乎遍及意大利南部。公元前 72 年，罗马执政官率军镇压。同年，在阿普利亚决战中，克拉苏 · 迪弗斯得到从伊比利亚半岛归来的庞培的增援，起义军遭到惨败，斯巴达克牺牲。

君士坦丁堡围攻战

1453年初，奥斯曼土耳其的军队从陆海两面包围君士坦丁堡。5月29日，土耳其的军队从海陆两面对君士坦丁堡发起总攻。君士坦丁堡军民浴血奋战，挫败土耳其军多次攻击，但终因寡不敌众，城堡陷落，拜占庭帝国灭亡。此后，君士坦丁堡改名伊斯坦布尔。

英西海战

1588年，西班牙派出了一支“无敌舰队”从里斯本出航，计划驶往英国登陆。但出航不久就遭风暴袭击，休整后继续北上，在7月底到达英吉利海峡。8月7日夜，英国舰队趁风暴袭击西班牙“无敌舰队”，舰队大乱，损失严重。次日凌晨4点，英国舰队于格拉沃利讷海域向西班牙舰队发起攻击。激战至傍晚，西班牙舰队大败，在绕道苏格兰返航途中又遭风暴袭击，先后共损失战舰60余艘，英方无重大损失。此战后，西班牙的“无敌舰队”事实上已经不复存在。

思维对对碰

题目：请你判断，我们现在感受到的太阳光芒，是太阳在8分钟前发出的。

答案：对。光每秒走30万千米，太阳距地球1亿5千万千米，这个数值除以30万千米，等于500秒。500秒除以60秒，等于8分20秒。

滑铁卢会战

滑铁卢会战是英、普联军与法军在布鲁塞尔以南滑铁卢进行的决定性会战。1815年6月18日，英、普联军在滑铁卢附近占领阵地，阻击法军。拿破仑率先发起进攻，佯攻联军右翼，主力猛攻联军左翼，但遭到联军顽强抵抗，拿破仑又把主要突击方向转向敌军中部，多次组织正面突击，并逐次投入预备队，未有明显进展。拿破仑这时已无后备兵力，预定的援军未能赶到。法军难以抵御，从而全线崩溃，拿破仑逃离战场。法军战败后，拿破仑的“百日王朝”覆灭。拿破仑被流放到大西洋圣赫勒拿岛。

普法战争

普法战争是普鲁士为了统一德国，并和法国为争夺欧洲霸权在 1870 ~ 1871 年所进行的一场影响深远的战争。但战争是由法国发动，最后以普鲁士大获全胜，建立德意志帝国告终。战争开始后，普军所向披靡，法军则不堪一击。1871 年 1 月，巴黎被攻陷，威廉一世在凡尔赛宫加冕为德国皇帝。法国被迫割地赔款。

普奥战争

1864 年，普鲁士和奥地利发动对丹麦的战争，丹麦惨败。根据《加斯泰因条约》，丹麦放弃对石勒苏益格—荷尔斯泰因的权利，由普、奥共管。1866 年 6 月 14 日，战争再度开始，这次对手是普、奥双方。普鲁士利用同意大利的结盟，将部分奥军吸引到南部战场。在南部意军失利的同时，北部的普鲁士军队在短时间内控制了整个北德意志。7 月 3 日，29.1 万普军与 23.8 万奥军在萨多瓦展开决战，奥军大败，伤亡被俘 4 万余人。法国应奥地利之请出面调解，8 月 23 日签订《布拉格和约》，普鲁士获得石勒苏益格—荷尔斯泰因及汉诺威等地。奥地利退出德意志联邦。次年，以普鲁士为首建立北德意志联邦，基本完成德意志统一。

肚皮笑笑破

演习正在进行，接到封锁道路命令的工兵连，手头恰巧没有地雷，于是他们想了一个办法，画了一些地雷的图样，然后将它们散布在交通要道上。演习结束后，他们在打扫战场时发现，每张图周围都丢弃着许多“敌人”的相片，并且无一例外地注明“阵亡”字样。

美西战争

美西战争是 1898 年美国为夺取西班牙属地古巴、波多黎各和菲律宾而发动的战争，是列强重新瓜分殖民地的第一次帝国主义战争。美陆军司令迈尔斯率领的远征军在波多黎各登陆。西班牙政府求和。同年 8 月 12 日，美西双方同意停止军事行动。12 月 10 日，双方于巴黎签订和约，西班牙承认古巴独立，由美国保护，将波多黎各、关岛和菲律宾转让美国。

旅顺口海战

1904 年 2 月 8 日深夜，日本鱼雷快艇袭击驻旅顺的俄国舰队。爆炸声传来，正在为舰队司令夫人庆祝命名日的俄国舰队军官竟以为这是己方舰队在举行“实弹演习”。天亮后真相大白。可是，俄国舰队已被日舰封锁在港内。第二天，日本舰队乘胜向俄国舰队发起攻击，迫使俄国舰队龟缩到旅顺口港内。12 月 6 日，日军用大炮击沉了停泊在港内的俄舰队大部分舰只。1905 年 1 月 2 日，旅顺口俄军投降。

我来考考你

1. 同学们，希腊人用什么办法最终攻下了特洛伊城？
2. 下面哪个国家打败了西班牙的“无敌舰队”？
A. 英国　B. 法国　C. 俄国　D. 日本

世界现代史上的著名战争

人类历史上发生了两次世界范围的大战，即第一次世界大战和第二次世界大战。这两次世界大战都是由帝国主义列强为重新瓜分殖民地、争夺世界霸权而发动的。交战双方为了达成各自的战争目的，倾注国力，以武装斗争为主，在军事、政治、经济、文化、科技、外交等战线上展开了激烈的大搏斗。战争规模之大、消耗与危害之巨，都是史无前例的，给世界人民造成了极大的灾难。

泊船瓜洲

（宋）王安石

京口瓜洲一水间，钟山只隔数重山。
春风又绿江南岸，明月何时照我还。

凡尔登战役

凡尔登战役是第一次世界大战期间法国军队在凡尔登地区抗击德国军队进攻的决战性战役。凡尔登是巴黎以东的要塞城市，为双方必争之地。此战役是典型的阵地战、消耗战，双方伤亡近 100 万人。由于伤亡惨重，凡尔登战场被称为“绞肉机”“屠场”和“地狱”。这次决定性战役是第一次世界大战的转折点，德国从此逐步走向失败。

日德兰海战

日德兰海战是第一次世界大战中规模最大的一次海战。1916 年，德国企图突破英国的海上封锁，出动了北海舰队。5 月底，英德舰队在丹麦日德兰半岛西北海面遭遇，发生激战，双方都受到严重损失。结果，德国没有打破英国的海上封锁，直到大战结束，德国舰队始终不敢再度冒险出战。

索姆河战役

1916 年 7 月，英法联军在法国北部索姆河地区对德军实施进攻。英军因以密集队形冲击，遭到德军机枪和炮兵火力的严重杀伤，损失近 6 万人。此后，双方不断增加兵力、兵器，作战行动变成了一场消耗战。战争史上第一次使用坦克的英军使用 49 辆坦克配合步兵进攻。11 月下旬，战役逐渐转为平息。

ABC 洋话天天说

A：You scared me.
B：What a surprise！
A：你吓死我了。
B：这怎么可能呢？

不列颠之战

不列颠之战是第二次世界大战中英国抗击德国大规模空袭的防空作战。德国损失飞机 286 架，英国损失 150 架。在战斗中，英军以战斗机、高射炮、雷达、探照灯和拦阻气球组成防空系统，防御能力逐步提高。德机损失很大，未能达到夺取英吉利海峡制空权的计划。

莫斯科保卫战

莫斯科保卫战是苏联卫国战争中苏军首次大败德军的重大战役。1941 年 9 月 30 日，德中央集团军军团发起了攻打莫斯科的战役。前线苏军浴血奋战，迫使德军停止了对莫斯科的进攻而转入防御。12 月 5 ~ 6 日，苏军发动了大反攻。莫斯科保卫战极大地鼓舞了苏联和世界人民的反法西斯斗志。

偷袭珍珠港

偷袭珍珠港是第二次世界大战中日本舰队偷袭美国海军太平洋舰队基地珍珠港的战役。1941 年，夏威夷时间 12 月 7 日凌晨，日本舰队偷袭美国海军太平洋舰队基地珍珠港。美军误以为是己方飞机，毫无戒备。日军重创美国太平洋舰队，美军共损失 40 多艘舰艇、260 多架飞机。随即美国政府对日本宣战，第二次世界大战期间的太平洋战争爆发了。

中途岛海战

中途岛海战是第二次世界大战期间，美、日海军在中途岛附近海域进行的战役规模的海战。太平洋战争爆发后，日本的山本五十六大将提出了进攻中途岛的冒险计划。其目的是占领中途岛作为日本海军的前进基地。美舰队趁日军的第一批战机飞返战船，第二批飞机卸下炸弹改挂鱼雷的混乱时机，对日军航空母舰实施连续攻击。日军损失惨重，从而在太平洋战场逐步丧失了战略主动权。

斯大林格勒会战

斯大林格勒会战是苏联卫国战争中大败德国的决定性战役。1942 年 7 月 17 日，德国突破苏军防线，造成从西面和西南面对斯大林格勒的威胁。11 月，苏军新组建的精锐部队在战线两翼发动反攻，夺回卡拉奇，并且包围了斯大林格勒地区的德军。次军 2 月 2 日，残余德军全部投降。这场战役使希特勒法西斯被迫转入战略防御，也成为苏联卫国战争和第二次世界大战的转折点。

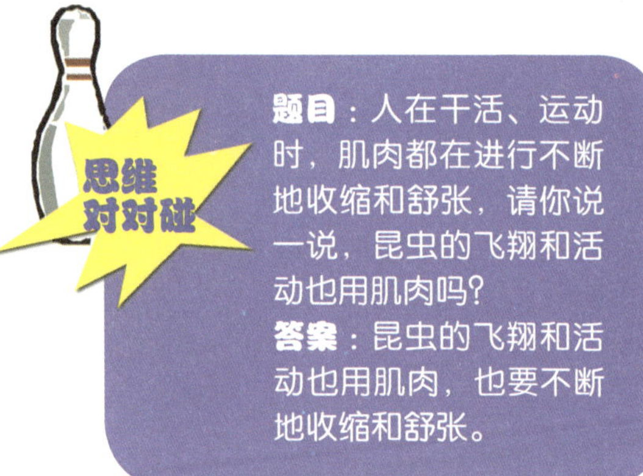

阿拉曼战役

阿拉曼战役是第二次世界大战中，英军与德、意联军为争夺北非战场的战略主动权而进行的一场大规模坦克交战的战役。在这次战役中，德意军队伤亡约2万人、被俘3万多人，英军也伤亡了13500人。阿拉曼战役是第二次世界大战北非战场的转折点，从此，战场的主动权完全转到英军手里。

肚皮笑笑破

一位军士正在给一批新兵讲部队的艰苦生活和服役情况。他一本正经地说："军队的士兵一天要干25个小时。"

一个新兵嘀咕说："但是一天只有24小时呀！军士。"

军士理直气壮地解释说："那么，士兵就每天提前1小时起床！"

诺曼底登陆战役

诺曼底登陆战役是第二次世界大战中，美英盟军在法国北部诺曼底地区进行的战略性登陆作战。1944年6月6日，历史上最大的一次两栖登陆作战开始了。至清晨6：30，盟军开始在法国诺曼底海岸的五个滩头登陆，在海滩上建立了牢固的支撑点。8月25日，诺曼底战役胜利结束。欧洲第二战场的开辟，给德军以毁灭性的打击，加快了消灭德国法西斯的战争步伐。

冲绳岛战役

冲绳岛战役是第二次世界大战中美、日两军在太平洋岛屿作战中规模最大、历时最长、损失最重的一次战役。1945年初，美军在占领吕宋等岛屿后，决定攻占冲绳岛，以此作为进攻日本本土的基地。美军派斯普鲁恩斯海军上将为总指挥，率强大兵力进攻冲绳岛。三天后，美军将岛上的日军防线拦腰切断，开始分割包围日军，向北部和南部主阵地发起进攻。直到6月23日，美军在付出重大伤亡后，最终占领冲绳岛。

我来考考你

1.（　　）是第一次世界大战中规模最大的一次海战。

2.（　　）战役使希特勒法西斯被迫转入战略防御，也成为苏联卫国战争和第二次世界大战的转折点。

世界当代史上的著名战争

诗词贝贝乐

元日

（宋）王安石

爆竹声中一岁除，春风送暖入屠苏。
千门万户曈曈日，总把新桃换旧符。

如今，和平与发展成为时代的主题。第二次世界大战后，人们似乎已渐渐远离了战争的阴影。不过，世界并不太平，偶尔爆发的局部战争还是让我们看到了战争的危险。

第一次中东战争

第一次中东战争是以色列和阿拉伯国家为争夺巴勒斯坦而发生的大规模战争。1948 年 5 月 15 日凌晨，埃及、伊拉克等阿拉伯国家出兵进攻以色列，占领耶路撒冷东城区的大片领土。以色列紧急扩军，进行反攻。由于阿拉伯国家内部矛盾重重，缺乏指挥，结果战败。以色列占领阿拉伯大片领土，近百万巴勒斯坦阿拉伯人被逐出家园。

两伊战争

两伊战争是发生在伊拉克和伊朗之间的战争。1980 年 9 月，伊拉克宣布废除“阿尔及尔协议”，于该月 22 日两伊战争爆发。交战双方动用了飞机、重炮和导弹，袭击包括对方首都在内的重要经济中心和军事设施，还互相袭击停泊在对方港口的油轮，遭到袭击的油轮共有 540 艘之多。后经联合国多次调停，两国宣布停火。

洋话天天说

A：We made up.

B：I' m really happy for you！

A：我们和好了。

B：我为你们高兴。

海湾战争

1991 年 1 月 17 日凌晨，以美军为首的多国部队航空兵空袭伊拉克的行动开始实施。整个空袭美国制订了“沙漠风暴”计划。为了实施地面进攻作战，美中央总部陆军也制订了具体战役计划，即“沙漠军刀”计划。2 月 24 日 4 时整，多国部队向伊军发起了大规模各兵种联合进攻，将海湾战争推向了最后阶段。28 日晨，科威特城已全部被阿拉伯部队控制，多国部队也大多完成了各自任务。对此，布什总统下达了暂时停火的命令。暂时停火以后，伊拉克表示接受美国提出的停火条件和愿意履行联合国安理会通过的历次相关决议。在此基础上，联合国安理会通过了海湾正式停火决议，即“687 号决议”。海湾战争至此宣告结束。

科索沃战争

题目：一只青蛙掉进了一眼深3米的枯井里，青蛙每次可以跳1米高，问它几次可以跳出枯井。
答案：永远跳不出来。

1999年3月24日，以美国为首的北约对南联盟发动了一场历时78天的空袭战。5月28日，北约实施了自战争爆发以来最猛烈的一次空袭，共出动飞机792架次，击毁或摧毁南军几十处军事目标及桥梁、电厂等基础设施，致使几个大城市断电停水。6月1日起，北约集中打击科索沃境内的南军地面部队、警察部队、重型武器装备、防空阵地、机场等军事目标。在这种局势下，南联盟政府与北约举行停战谈判。6月10日，南军按照撤军协议开始大规模撤离科索沃。当晚，北约欧洲盟军最高司令克拉克下令暂停对南联盟的军事打击，历时78天的科索沃战争到此结束。

肚皮笑笑破

军官责问士兵："你们见了敌人怎么就往回跑？说不出理由，我枪毙你们。"

士兵们回答："你知道地球是圆的，而我们是想跑到敌人后面去打击他们。"

美国推翻阿富汗政权的战争

美国推翻阿富汗政权的战争是美国以"反恐"名义对阿富汗发动的一场战争，是一场以空中精确打击为主要打击样式、实力对比悬殊的非对称战争。"9·11"事件是美国有史以来遭到的规模最大、损失最为惨重的恐怖袭击。事件发生后，美国迅速把矛头对准中亚的阿富汗，发起了代号为"持久自由"的军事打击行动。美国及其盟国在阿富汗周边部署了近8万人的兵力，其中美军约5万人，先后动用了5个航母编队、4个两栖戒备大队以及500多架战机。这次军事打击行动推翻了塔利班政权，基本上摧毁了"基地"组织在阿富汗的网络。阿富汗战争揭开了美国新世纪"反恐"系列战争的序幕。

我来考考你

1. 第一次中东战争的时间是（　　）。
A.1991年1月　B.1999年3月　C.1948年5月　D.1988年8月
2.（　　）战争是揭开了美国新世纪"反恐"系列战争的序幕。